"Este livro mudará sua maneira de pensar a criatividade nos negócios. A maioria de nós acredita que a criatividade no marketing é uma proposta arriscada entre acertar ou errar. Fallon e Senn demonstram que a criatividade nos negócios é um processo rigoroso, que proporciona uma tremenda vantagem, quando você acerta."

—Harvey Mackay, autor de
Swim with the Sharks Without
Being Eaten Alive

"O mundo da propaganda terá de mudar para sobreviver, pois as pessoas prestam cada vez menos atenção aos anúncios de televisão. Pat Fallon e sua famosa agência identificaram essa realidade. As técnicas que ele introduziu de forma pioneira, e que estão reveladas em *Criatividade*, logo se tornarão práticas obrigatórias em propaganda."

—Faith Popcorn, Fundadora e
CEO da Faith Popcorn's BrainReserve

"*Criatividade* pode ser o livro informativo mais interessante e agradável para melhorar a *performance* nos negócios. A mensagem simples e cuidadosa dos autores, realmente valiosa, qualifica este livro para ser incluído em minha classificação de "leituras obrigatórias".

—Kenneth J. Roering, Professor Titular de
Marketing e Gestão de Logística da
Carlson School of Management,
Universidade de Minnesota

"*Criatividade* quebra o molde de um negócio cheio de fórmulas e oferece a metáfora perfeita para reconectar os profissionais da área à própria criatividade. Se existe um livro capaz de desmistificar a criatividade, é este!"

—Richard J. Leider,
Fundador do The Inventure Group;
autor de *The Power of Purpose;*
e co-autor de *Repacking Your Bags*

CRIATIVIDADE
Espremendo a Laranja

CRIATIVIDADE
Espremendo a Laranja

Como Transformar a Criatividade em Marketing

Pat Fallon e Fred Senn

M.BOOKS
M. Books do Brasil Editora Ltda.
Rua Jorge Americano, 61 - Alto da Lapa
05083-130 - São Paulo - SP - Telefones: (11) 3645-0409/(11) 3645-0410
Fax: (11) 3832-0335 - e-mail: vendas@mbooks.com.br

em uma Poderosa Vantagem nos Negócios

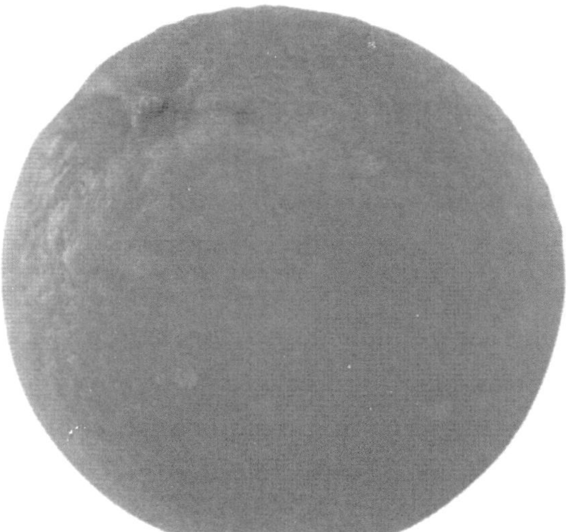

Dados de Catalogação na Publicação

Fallon, Pat; Senn, Fred
Criatividade – Espremendo a Laranja
2007 – São Paulo – M.Books do Brasil Editora Ltda

1. Marketing 2. Negócios 3. Administração

ISBN: 978-85-7680-019-4

Do original: Juicing the Orange – How to turn creativity into a Powerful Business Advantage

EDITOR: MILTON MIRA DE ASSUMPÇÃO FILHO

Tradução: Maria Lúcia Rosa
Produção Editoria: Salete Del Guerra
Copidesque: Silvio Ferreira Leite
Capa: Revisart (projeto original de Osamu Akatsu, Betsy Baker e Brenna Brelie)
Editoração: Revisart

Agradecimentos

A inspiração, e grande parte da matéria-prima deste livro, vem de nossas inscrições nos EFFIEs, um concurso anual patrocinado pela New York American Marketing Association, que concede prêmios pela eficiência da propaganda. Somos gratos à New York AMA por defender esse concurso. Os EFFIEs mantêm-nos motivados e força nosso setor a ser mais responsável pelos resultados financeiros. Eles são uma excelente maneira de exaltar a criatividade que funciona.

Os *cases* EFFIE foram criados por nosso pessoal na linha de fogo — aqueles que fazem a pesquisa, destilam as estratégias, criam o trabalho e asseguram-se de que ele chegue ao mercado. São os funcionários que vão acima e além do dever, que adoram fazer a história do marketing. Este livro é sobre o que eles fazem tão bem; esperamos que conte a história deles da forma como merece ser contada. Eles são nossos heróis, e sentimos um orgulho imenso deles.

Agradecemos a nossos clientes. A alegria de nossa empresa é levar algo para o mercado que seja direcionado a clientes inteligentes e corajosos e, então, observar como vai funcionar. Um dos benefícios ocultos é que aprendemos com nossos clientes. Eles são nossos melhores professores e, freqüentemente, se tornam nossos queridos amigos fora do trabalho. Pat McGuiness, presidente da Nestlé Purina PetCare, é nosso cliente há dezesseis anos. Ele nos ensinou a aproveitar nossa marca de criatividade para obter resultados reais no mundo de bens de consumo. Vários clientes nos deram a oportunidade de trabalhar com suas empresas: Jim McDowell, na Porsche e na BMW; Dick Brown, na Ameritech e na EDS; Jerry Dow, primeiro na United Airlines e agora em Vanguard Car Rental (National e Alamo); Chris Hawken, na Skoda e depois na Volkswagen da Ásia; e Amy Wilkins, no Children's Defense Fund e em Trust for Early Education. Esses são parceiros de negócio que definiram nosso empreendimento.

Fomos encorajados a levar este projeto adiante pelo pessoal da Harvard Business School Press, embora uma agência de propaganda não seja sua fonte natural de material. Contudo, eles têm apoiado e têm tido paciência ao enfrentar uma forma não familiar de capitalismo do lado direito do cérebro. A editora executiva Kirsten Sandberg foi incansável: "Mais clareza — menos exagero, meninos." Kirsten é uma motivadora que usa um chicote. Precisávamos de sua marca — amor com firmeza — para fazermos este livro acontecer. Marcy Barnes-Henrie, Senior Productor Goddes, e a editora de texto Betsy Hardinger, nos forçaram a usar uma linguagem que deixaria nossas mães orgulhosas, apesar de nossas tentativas de escrever da forma que falamos. Agradecemos a Ralph Fowler por renovar o design interior. Obrigado também ao restante da equipe da Press envolvido em empacotar e promover o livro, a saber, Dino Malvone, Julia Ely, Mark Bloomfield, Erin Brown, Todd Berman, Mike Fender, Zeenat Potia, Hollis Heimbouch e David Goehring.

A tarefa de escrever este livro tornou-se quase suportável graças ao apoio de nosso amigo no ramo editorial, nosso agente John Larson. Sem as orientações dele, ainda poderíamos estar falando em escrever um livro um dia.

Aqui em Minneapolis, os prêmios pela bravura vão para Kim Eskro, nossa assistente administrativa por mais de uma década, que teve de acompanhar as versões incontáveis, propagandas, quadros, prazos e mudanças de humor dos dois autores de primeiro livro com empregos em período integral. A serena Susan Flynn, nossa diretora de biblioteca, nos surpreendeu com sua capacidade de obter dados sobre o setor ocorridos há duas décadas em poucos segundos, e então fazer tudo de novo quando perdemos suas anotações.

O aniversário de vinte e cinco anos que estamos marcando com este livro, nos faz dar uma pausa. Nós nos consideramos de uma sorte extrema por estarmos neste negócio com as pessoas maravilhosas com quem trabalhamos todos os dias. É aí que está a alegria. A elas, dizemos: obrigado!

Sumário

Prefácio à Edição Brasileira

Acho que é um privilégio falar do livro *Criatividade – Espremendo a Laranja* de Pat Fallon e Fred Senn da agência Fallon. Sou fã desses caras desde os primeiros anúncios que eles fizeram na década de 80, quando a Fallon Mc Elligott começou. Na época, comandando a Almap, eu não dava folga para meu radar, buscando descobrir caminhos novos para criação. E quando me deparei com aquele anúncio que praticamente apresentou a agência ao mundo publicitário e que mostrava nada mais do que uma foto da Bíblia com o "Você leria este livro se o autor fosse no Johnny Carson Show? Para mim foi o suficiente. Peguei na hora o babador. Deixei anotado o nome da diretora de arte, Nancy Rice, e decretei: 'taí' a profissional que eu sempre quis na nossa Almap. Claro que a partir daí fiquei na cola da Fallon Mc Elligott. E, assim como todos os publicitários brasileiros, no decorrer dos anos éramos brindados com anúncios e comerciais contendo verdadeiras aulas de criatividade. Inovação, aliás, que começou a partir do endereço, pois eles tiveram o atrevimento de não abrir a agência na Madison Avenue, que era a meca das estrelas publicitárias. Mas em Minneapolis.

Todos os anúncios da Fallon que eu garimpava loucamente nas revistas e anuários, veiculavam permanentemente na parede da minha sala, que era pra eu fazer a catequese e encher o saco, numa saudável pressão, em cima das minhas equipes de criação. Eu queria que eles respirassem aquele oxigênio saudável, fresh, estimulante.

Desde a década de 80, esse time passou a ocupar um lugar na parede da minha sala, na Almap junto da galeria das pessoas com talento que eu gostaria de ter nascido: Tom Jobim, Johnny Carson, Woody Allen, W. Bernbach, principalmente através daquela campanha histórica para a revista Rolling Stone – "Perception / Reality". Eram anúncios que todos os profissionais de criação gostariam de ter criado, pela sofisticação e refinamento da direção de arte arejada, limpa, impactante. E pela inteligência e humor elegante dos approachs. Distribuídos em layouts de página dupla, com fotos impactantes, sempre havia duas situações contraditórias – tipo o que se imaginava que determinada coisa seria no futuro (perception) e no que ela se transformou (reality). Sempre havia surpresa, a ironia, o sarcasmo que pegava no nervo. Lembro, por exemplo, daquele que mostrava a divertida percepção das feministas com um sutiã incendiado contrapondo-se ao realista sutiã novinho de anos depois. Teve também aquele mostrando a percepção do hippie – cabeludo que não tomava banho e, do outro lado, a realidade: o jovem que queria comprar computador, automóvel, aparelho de som, mostrando que o leitor da revista Rolling Stone era outro público. Outro anúncio foi o da Kombi antiga, psicodélica e do lado da realidade: era um carro esporte de desenho italiano.

O fato é que ao mesmo tempo essa campanha ajudou a Fallon firmar-se definitivamente no cenário publicitário. Ela trouxe efeitos espetaculares para a revista Rolling Stone, que cresceu em tiragem, em leitores e estrutura editorial. Em síntese, o trabalho foi profissionalmente perfeito, pois publicidade não é a arte pela arte. É arte com resultados. Mais de uma vez eu abordei isso na minha coluna jornalística, "Criação & Consumo", na *Folha de S.Paulo*. Volta e meia apareciam esses e outros anúncios da Fallon que, na minha opinião, foi o time responsável pela mais inovadora revolução criativa dos últimos tempos, após o Doyle Bernbach e sua DDB. Uma qualidade que agora chega às mãos não só dos publicitários, mas de todos que curtem ver o exercício da inteligência, do humor e da criatividade no formato de anúncios e comerciais.

E o melhor de tudo é que este livro não encerra o assunto porque, enquanto eu estou escrevendo este prefácio, os times da Fallon continuam produzindo criatividade. Lá em Minneapolis e aqui em São Paulo, com a Fallon onde, sob a direção de criação do nosso querido e premiadíssimo Eugênio Mohallem, vem mostrando o quanto merece estar nessa agência brilhante.

Tire o máximo proveito deste livro. Folheie, leia, marque as páginas, comente, enfim, assimile tudo que este verdadeiro curso portátil de criatividade publicitária pode dar.

Alex Periscinoto
Publicitário e Diretor da SPGA

Capítulo Um

Redefinindo a Criatividade no Ambiente de Marketing Atual

Em 1980, quando pensamos pela primeira vez em criar nossa agência, o mundo da propaganda começava a ser agitado pelo que se convencionou chamar alavancagem da mídia. Estrategicamente, em vez de comprar tempo no ar ou espaço nas revistas, os profissionais de marketing buscavam a alavancagem, ou seja, a força de mídia, comprando o máximo possível de ambos, na tentativa de se manter à frente da concorrência. Embora as pesquisas mostrassem que as pessoas desenvolviam uma resistência psicológica, quando expostas à repetição excessiva de uma única propaganda, a Madison Avenue bombardeava os consumidores e classificava esse procedimento como sucesso.

Para nós, o setor de publicidade se tornava cada vez mais irrelevante, o que nos levou a perceber uma oportunidade. Com Tom McElligott, Irv Fish e Nancy Rice, fundamos, em 1981, a Fallon McElligott Rice (agora Fallon Worldwide). Imaginamos um tipo diferente de agência, capaz de se comunicar com os consumidores de maneira envolvente, inteligente e inovadora, de modo que nossos clientes não tivessem de gritar dez vezes para serem ouvidos apenas uma vez.

Durante várias reuniões de planejamento, até tarde da noite, fazíamos anotações sobre o que acreditávamos. Esses ideais — que ainda hoje norteiam nossas atividades — incluíam declarações como "a crença na família como um modelo de negócio", "a necessidade de se divertir" e "ver o risco como um amigo". No entanto, um preceito encabeçou a lista: "a dedicação exclusiva e a crença no poder da criatividade".

Anunciar publicamente nossa dedicação à criatividade nos coloca em território arriscado. No mundo das comunicações de marketing, *criativo* costuma significar *auto-indulgente*, o tipo de propaganda da *arte pela arte*, que ganha prêmios, mas não altera os resultados financeiros de um cliente. No mundo mais amplo dos negócios, *criatividade* pode ter outro sentido. A inovação é valorizada, mas a criatividade sugere imagens de um grupo improvisado, reunido para o exercício de formação de equipe ou exortações vazias, para *pensar de um modo não convencional.*

Para nós, criatividade significava pensar no excelente trabalho dos anos dourados da publicidade, na década de 60, quando lendárias agências publicitárias, como David Olgivy (da Olgivy & Mather) e Bill Bernbach (da Doyle Dane Bernbach), revolucionaram as comunicações de marketing, demonstrando que a criatividade poderia oferecer os resultados desejados por um cliente. Acreditávamos e ainda acreditamos que as empresas deveriam manter a criatividade nesse padrão mais alto. A imaginação é o último meio legítimo de ganhar uma vantagem justa sobre a concorrência.

Nosso objetivo era ajudar os clientes a superarem os concorrentes, sem gastar mais do que eles, e incentivar o trabalho dos cérebros independentemente de orçamentos, ou seja, espremer a laranja, em vez de esvaziar os bolsos de nossos clientes. Chamamos esta nova idéia de *alavancagem criativa,* ou prática diária de tornar a criatividade viável e responsável por mudanças no comportamento do consumidor.

Nossa alavancagem criativa combina a eficácia do lado esquerdo do cérebro com o dom artístico do lado direito. Ela significa descartar o convencional, assumir os riscos e questionar as verdades humanas, enquanto pesquisamos com rigor e executamos com coragem. A alavancagem criativa acontece em todas as fases de desenvolvimento e execução de uma campanha de marketing. Além disso, abrange todos os níveis operacionais, sem se restringir apenas aos profissionais tradicionalmente associados à criação, como os diretores de arte e os redatores.

A NEW ADVERTISING AGENCY FOR COMPANIES THAT WOULD RATHER OUTSMART THE COMPETITION THAN OUTSPEND THEM.

"I know that only about half of my advertising works. The trouble is, I don't know which half."
John Wanamaker

If you're spending money on advertising, you've probably wondered: Is anybody out there listening?

The answer to that question may come as a shock.

Consider the following facts:

American business will spend over $54 billion on advertising this year.

According to one estimate cited in *The Journal of Advertising Research*, that money will buy over 200 thousand messages per person, or approximately 560 messages every day for every man, woman and child in America.

Of those 560 messages, the average person will notice only 76.

Of those 76, only 12 will be remembered.

And of those 12, 3 will be remembered negatively.

From 560 to 76 to 12 to 9—*an attrition rate of more than 98%!*

Sobering, isn't it?

But the news gets worse before it gets better.

THE CLUTTER TRAP.

In an effort to counteract the dwindling effectiveness of their messages, more and more companies increase their media frequency.

This leads to clutter.

Advertisers like Wisk and Sanka, once content to run their shrill, tedious commercials several times a week, now may run them several times an hour, trying to bore their way into the consumer's consciousness.

Ironically, while the number of messages (and media costs) have doubled in the past several years, consumers now pay less attention than ever before.

In fact, a growing body of evidence suggests that increased frequency may actually be self-defeating.

In 1976, *The Harvard Business Review* warned,

"Heavy media spending can even work against you.... repeated exposure to an advertisement may give rise to what psychologists label 'perceptual defense', to irritation, or even to outright rejection."

RAISING AWARENESS, NOT BUDGETS.

It's clear that if you want your message to be one of the precious few that are remembered—the less than 2%—you've got your work cut out for you.

Outspending the competition is increasingly expensive and, as we've seen, may even work against you.

Instead of trying to *outspend* the competition, why not try to *out-think* them? With messages so interesting that even the most indifferent consumer will stop and look.

According to researcher Daniel Starch, one advertisement can outperform another advertisement for the same product in the same media at the same time by 500%.

Obviously, the preferred way to improve effectiveness is not to increase the *spending level* of your advertising, but to increase the *interest level* of your advertising.

SCARCITY OF IMAGINATION.

Unfortunately, raising the interest level of your advertising is easier said than done. The creative imagination to make great advertising—advertising that builds bridges between products and customers—is rare.

As *The Harvard Business Review* once observed,

"...creativity is like peace. Everybody wants it, everyone seems to have some ideas about it, but nobody seems able to produce it."

Once every several years, however, an advertising agency with the ability to produce truly exciting, original and compelling advertising appears.

Fallon McElligott Rice is such an agency.

Although we've just opened our doors, the campaigns we've created at past agencies are famous. They've won market share for our clients, and a lion's share of awards for us.

They've been studied in journalism schools, and copied by competitors.

In every case, these campaigns *seemed* like they had more money behind them than they did.

The ideas were big; the budgets small.

WHAT WE BELIEVE.

At Fallon McElligott Rice we believe in advertising the way Ray Rubicam, Leo Burnett, David Ogilvy and Bill Bernbach once practiced it.

We believe that imagination is one of the last remaining legal means you have to gain an unfair advantage over your competition.

We believe you shouldn't have to repeat yourself ten times to be heard once.

We believe there is no such thing as a "me-too" product, only "me-too" advertising.

And we believe that great advertising is, has been, and always will be created in full partnership with great clients.

If you're beginning to have some questions about whether anybody out there is listening to *your* advertising, perhaps you should talk to us. Soon.

We have a lot of ideas, a lot of energy, and a lot to prove.

FALLON McELLIGOTT RICE
89 South 9th Minneapolis, Minnesota 55402 Telephone 612-332-2445

Nossa propaganda de abertura. 20 de julho de 1981. Este manifesto teve uma quantidade quase absurda de texto, mas achamos que era essencial articular nossa visão. Vinte e cinco anos depois, os dados estatísticos estão piores e a globalização e a tecnologia mudaram o ambiente de marketing, mas a solução é a mesma: criatividade aplicada.

O Primeiro *Test Case* de Alavancagem Criativa

Nosso primeiro cliente foi uma barbearia local com um nome esquisito: 7 South 8th for Hair. O estabelecimento podia pagar apenas alguns anúncios pequenos no jornal da cidade e alguns cartazes a serem colados próximos a pontos de ônibus. Os proprietários não tinham dinheiro para produção. Zero. Tivemos de desenvolver uma campanha publicitária sem as convenções usuais da categoria: sem modelos, sem estilistas, sem nem mesmo um fotógrafo.

Então, fizemos o oposto do belo anúncio que estava na moda. Mostramos fotos de pessoas famosas com péssimos cortes de cabelo.

Corte tigela. Esta campanha não teve o componente estratégico rigoroso da verdadeira alavancagem criativa, mas usar Moe Howard como garoto propaganda para um salão de cabeleireiro certamente foi uma grande idéia.

Sobre aquela foto famosa de Albert Einstein descabelado, colocamos o título: "Um cabelo mal cortado pode fazer qualquer um parecer estúpido", e sobre uma foto de Susan B. Anthony na nota de dólar: "Um corte ruim pode tirá-lo de circulação". Distorcemos imagens de Richard Nixon, Betty Boop e outras pessoas e personagens de cabelos reconhecidamente mal cortados. O público-alvo da barbearia gostou tanto da campanha que os cartazes eram roubados dos pontos de ônibus.

Na primeira vez em que foram vistos, aqueles anúncios apenas chamaram a atenção. Mas a semente da verdadeira alavancagem criativa estava lá. Mick Freund, um dos donos do salão, gostava de correr riscos. Era um sujeito brincalhão e de humor irreverente. Por isso, as propagandas combinaram com sua personalidade e deram sentido a um endereço que, de outra forma, soaria comum e seria esquecido.

Além disso, a piada da campanha teve como fundamento uma verdade emocional: qualquer um pode se identificar com a humilhação decorrente de um cabelo mal cortado. O mais importante, porém, foi que a campanha deu resultado. No primeiro mês, as receitas cresceram 62% em relação ao mês anterior, e 68% acima do mesmo mês do ano anterior. Depois disso, o salão experimentou um crescimento de dois dígitos nos 14 meses seguintes. E tudo graças à criatividade, não ao dinheiro.

Considere o mundo cuidadosamente coberto de bens de consumo empacotados. A Nestlé Purina, nossa cliente, tinha um problema que costuma atingir muitas empresas: a comoditização de sua categoria. Com isso, a Purina Dog Chow, sua marca primária, perdia força. Em 1994, as vendas estavam caindo. Por causa de um número crescente de novas marcas *premium*, os consumidores tinham muito mais opções. Lojas especializadas em produtos para animais domésticos, assim como o grande varejo, tinham aberto novos canais de distribuição fora do supermercado, o tradicional carro-chefe da Purina. Mesmo as pessoas que mais confiavam na marca, passaram a comprá-la com menor freqüência.

Não havia muito espaço para idéias relacionadas a propaganda de comida para cães. A USDA (Departamento de Agricultura dos Estados Unidos) exigia que toda ração para animal de estimação fosse nutricionalmente completa e balanceada. Isso tornava difícil destacar substancialmente o produto com base em características e benefícios. Ao mesmo tempo, as convenções publicitárias da categoria foram estabelecidas. Praticamente qualquer um poderia imaginar seu anúncio de comida para cães: um *golden retriever* saltitante, com pêlo brilhante, brincando com a família adorável e feliz. De repente, aparece um veterinário bondoso, de jaleco branco, e contribui para a credibilidade nutricional. No final, todos estão abanando o rabo.

Um diretor de contas de uma agência de publicidade deve saber interpretar o mercado, entender o cliente e acompanhar as tendências que definem a categoria. Espera-se que seja criativo na forma de conduzir a aprendizagem do consumidor, uma tarefa especialmente desafiadora. Assim, quando nossos profissionais analisaram todas as pesquisas existentes e os estudos de acompanhamento, chegaram a duas conclusões significativas. A primeira indicava que não havia problemas com a marca Purina, pois os donos de filhotes depositavam nela uma confiança quase irrestrita. A segunda esclarecia que ela não precisava, necessariamente, conquistar novos clientes, pois os compradores habituais simplesmente haviam diminuído a freqüência de compra, sem que soubéssemos a razão.

Inicialmente, a equipe de planejamento fez o que o pessoal de criação costuma fazer quando algo dá errado: abandonou todas as suposições sobre o que uma marca de ração canina poderia significar para os consumidores, e começou do zero. Em vez de conduzir pesquisas impessoais por telefone, na hora do jantar, os planejadores procuraram os amigos, que eram donos de cães, passando algumas horas em suas casas, para observar a interação entre os familiares e seus animais de estimação. O objetivo era descobrir o que os impulsionava a escolher determinada ração.

Eles descobriram algo notável: o mundo podia ser dividido em dois grupos. O primeiro alimentava seus cães com uma dieta regular, usando uma única marca de ração. Esse grupo incluía criadores, caçadores e treinadores, que seguiam as recomendações dos veterinários quanto a uma dieta regular para os animais. Eles sabiam que os cães, apesar de serem vistos como simples recipientes de quatro pernas, nos quais os alimentos são depositados, na verdade são seres vivos com estômagos muito sensíveis. O segundo grupo de donos tratava seus cães como membros da família. Imaginando que eles fossem como os humanos, que adoram variedade, escolhiam um pacote diferente de alimento cada vez que iam à loja. O antropomorfismo, e não o que era melhor para o cachorro, dirigia os padrões de compra.

A partir desse entendimento, a equipe chegou rapidamente a uma conclusão interessante: quando as pessoas aprendiam que uma dieta regular era melhor para seu cão, naturalmente paravam de variar e passavam a comprar apenas uma marca. Em muitos casos, compravam Dog Chow, porque conheciam a marca Purina e confiavam nela.

Essa visão simples, mas determinante, norteou o *briefing de criação* — a análise da situação, escrita com objetividade, que dá a direção para as equipes de criação e mídia: "Os pais gostam de dar aos filhos uma alimentação variada. Os donos de cães acham que devem fazer o mesmo com seus filhotes. Mas não deveriam. Variar a alimentação pode ser prejudicial ao sistema digestivo de um cachorro. A melhor forma de assegurar uma vida mais saudável e alegre para seu cão é dando a ele uma dieta consistente de Purina Dog Chow todo dia".

Bom menino. Purina transformou uma queda de vendas em um ganho de dois dígitos, ensinando às pessoas que variar a ração pode ser prejudicial ao sistema digestivo de um cachorro.

Nos dois anos seguintes, fizemos propaganda com essa mensagem simples. A campanha era bem-humorada e atraía a atenção, mas nunca se desviava da verdade essencial: uma dieta consistente é mais saudável para seu cão.

Os resultados para a Purina foram notáveis. Focalizando a mensagem Dog Chow na educação de consumidores, com uma verdade única e simples (conhecida por todos os veterinários, criadores e treinadores), a campanha transformou em ganhos os prejuízos da Purina. Um pensamento expresso com clareza reverteu uma tendência de queda e impulsionou em dois dígitos o crescimento de uma categoria comoditizada e de baixo interesse. Nos dois primeiros anos, as vendas cresceram 12% ao ano, o que representa 45 toneladas de ração para cães e um faturamento adicional de 35 milhões de dólares, sem mudar o preço ou a distribuição.[1] A única coisa que alteramos foram os hábitos de compra dos clientes da Purina.

É isso o que queremos dizer com *Espremendo a Laranja*.

Colocando a Alavancagem Criativa para Funcionar

Os especialistas têm assinado o atestado de óbito da propaganda, e não discordamos totalmente. À medida que o custo para atingir os lares no horário nobre da televisão sobe (de 7,64 dólares por mil, em 1994, para 19,85 dólares por mil, em 2004), seu impacto diminui acentuadamente.[2] Em 1965, 34% dos espectadores adultos conseguiam dizer o nome de determinada marca anunciada em um programa assistido na noite anterior. Em 2000, esse número caiu para 9%.[3] Não surpreende que a maioria dos profissionais de marketing reclame que está gastando mais dinheiro para alcançar menos pessoas.

Então, que lugar uma agência de propaganda tradicional ocupa neste novo mundo? Nos Estados Unidos, pelo menos 90% da população tem algum tipo de aparelho que, além de oferecer programação sob demanda, ainda limita a exposição do telespectador a mensagens comerciais, enquanto 57% assinou o bloqueador de chamadas e 20% tem software bloqueador de propagandas em seus computadores pessoais. Aí surge outra pergunta: por que se incomodar com o tradicional esforço de marketing de massa?[4] Em uma reportagem intitulada acertadamente "A Reação do Consumidor Piora", a Forrester Research observa que 52% dos americanos dizem que as propagandas atrapalham "quando eu estou vendo ou lendo". Assim, pode-se questionar facilmente sua razão de existir.[5]

Parte da resposta consiste em fazer marketing não convencional, usando canais não convencionais. Mas a resposta completa é mais fundamental. Como demonstram as histórias deste livro, a comunicação, seja por qualquer meio, antigo ou novo (mesmo o desacreditado comercial do Super Bowl), pode ser tremendamente efetiva se o trabalho for apoiado por pesquisa elucidativa, estratégia rigorosa e execução correta. É aí que entra a alavancagem criativa, que fornece as ferramentas necessárias para você atingir os consumidores que não querem ser atingidos. E mais: sem incomodar e proporcionando prazer.

A alavancagem criativa começou como uma reação à alavancagem da mídia. Com o passar dos anos, evoluiu para algo mais essencial. É difícil defini-la. Mais complicado ainda é expressá-la como o melhor procedimento. Mesmo assim, nos últimos 25 anos, seus sete princípios, apresentados a seguir, nos ajudaram a aumentar nosso índice de sucesso na solução de problemas de marketing e de *branding*. Embora não seja um processo passo a passo, esses princípios podem fazê-lo começar a espremer a laranja.

Os Sete Princípios da Alavancagem Criativa

1. Comece sempre do zero.
2. Exija uma definição rigorosamente simples do problema da empresa.
3. Descubra uma emoção autêntica.
4. Concentre-se no tamanho da idéia, e não no tamanho do orçamento.
5. Persiga riscos estratégicos.
6. Colabore ou morra.
7. Ouça atentamente os seus clientes (e depois mais alguns).

Comece Sempre do Zero

Como aprendemos com a campanha da Purina, geralmente ganhamos mais quando respiramos fundo e repensamos um problema de marketing desde o início. Considere isto: durante a Segunda Guerra Mundial, pesquisadores militares da Inglaterra registraram cuidadosamente os danos causados aos aviões dos aliados que voltavam de bombardeios aéreos sobre a Alemanha. Estatisticamente, a parte traseira era a mais danificada. Por isso, resolveram que as caudas seriam reforçadas. Mas a equipe estava resolvendo o problema errado. Como a pesquisa se concentrava somente nos aviões que voltavam, ninguém pensava no que acontecia com as aeronaves abatidas. Quando deduziram que os aviões perdidos deviam ter sofrido danos na fuselagem ou nas asas, os pesquisadores conseguiram agir de forma efetiva.

Se você não começar do zero, pode ficar paralisado pela mentalidade daqueles que vieram antes de você.

Exija uma Definição Rigorosamente Simples do Problema da Empresa

Na campanha presidencial de 1992, James Carville colocou uma placa na parede da sede de campanha de Clinton: "É a economia, seu tonto". Esse assunto nunca se tornou oficial nos discursos, nem ganhou uma chamada nos comerciais de TV, mas a definição do problema norteou a estratégia de campanha, que foi direcionada para a maior preocupação do eleitor naquele momento.

Em linguagem poética, podemos dizer: "atingir um ponto determinado". Na Fallon, trata-se de praticar uma "redução incansável", para chegar ao âmago da questão. Em um mercado onde pode ser difícil encontrar produtos que apresentem diferenças reais, e onde é muito mais complicado comunicá-las, torna-se essencial simplificar o problema de marketing. No programa de treinamento da Fallon, nossos executivos de conta aprendem 127 questões específicas, em três campos de indagação, para chegar *àquela* visão do consumidor que forma a base para a solução. Consulte o site www.juicingtheorange.com e conheça essas questões que nos orientam na análise da situação.

Descubra uma Emoção Autêntica

Em seu livro *How Customers Think* (Como os Clientes Pensam), Gerald Zaltman — professor da Harvard Business School e membro do Harvard's Mind, Brain and Behavior Institute — mostra como os profissionais de marketing podem aprender sobre o funcionamento do cérebro por meio da ciência. Zaltman destaca que a pesquisa de mercado normalmente é conduzida como se as decisões fossem resultado da lógica pura, e como se a emoção desempenhasse apenas um pequeno papel. Acontece que nossas emoções agem de forma crucial na codificação, no armazenamento e na recuperação das memórias, formando a base da tomada de decisão. "Se a idéia não tem significado emocional para nós", escreve Zaltman, "provavelmente não a guardaremos e, portanto, ela não estará disponível para ser lembrada posteriormente".[6]

Os profissionais de marketing que são favoráveis à razão acima da emoção, inevitavelmente serão esquecidos. É por isso que insistimos, até descobrir a emoção autêntica. Primeiro, examinamos a categoria da emoção que existe, mas que tenha sido desconsiderada pela concorrência. Em seguida, desfechamos o ataque com uma mensagem corajosa e envolvente que ligue a marca de nosso cliente ao modo como as pessoas vivem. Quando a concorrência acorda, nosso cliente já dominou o território.

Concentre-se no Tamanho da Idéia, e Não no Tamanho do Orçamento

Ao contrário do uísque ou da cerveja, a vodca já foi uma tábua rasa quanto à imagem de produto. Até que, em 1981, a TBWA transmitiu seu primeiro comercial da Absolut no *The New Yorker.* Nada foi falado sobre o sabor ou a suavidade da bebida. Criou-se apenas uma mística em torno da silhueta inconfundível da garrafa Absolut. Na falta de diferenças significativas que pudessem distinguir o produto, essa marca cresceu e passou a dominar sua categoria devido à força de sua propaganda, ou seja, da força da idéia que a TBWA criou na mente do consumidor.

A campanha da Absolut foi uma alavancagem criativa a partir do design. Apenas com o formato da garrafa e um inteligente jogo de palavras, a Absolut convidou as pessoas a participarem de uma história visual em evolução.

O que poderia ser melhor do que fazer seu público desejar saber onde tudo aquilo ia dar?

Quando a campanha foi lançada, em 1981, a Absolut produzia pouco mais que 100 mil litros por ano. Em 1989, chegou a 29 milhões de litros, e uma década mais tarde atingiu mais de 58 milhões de litros.[7] Todas as vodcas *superpremium* que saíram desde então devem seu sucesso à Absolut.

Persiga Riscos Estratégicos

Em 1990, a General Motors lançou a campanha de seu novo carro, o Saturn, para competir com os compactos japoneses. Apesar da qualidade do trabalho, não havia muito no design ou na engenharia do Saturn que garantisse a atenção dos consumidores nos Estados Unidos. A agência de propaganda Hal Riney, entretanto, descobriu, durante sua pesquisa de mercado, que as pessoas não estavam interessadas em outro carro americano, mas, em uma experiência diferente proporcionada pela compra de um carro.

Hoje, a noção de "A Different Kind of Car Company" (Um Tipo Diferente de Empresa Automobilística) parece lógica e intuitiva, mas a GM e o Saturn, ao adotar essa idéia, assumiram um risco. Em vez de basear seu *branding* no carro, resolveram repensar radicalmente a relação entre compradores e revendedores. Essa posição de marca exigia o compromisso total de funcionários, revendedores e vendedores (o que eles conseguiram com estilo). O risco real, no entanto, teria sido a GM ignorar a verdade emocional revelada pelos planejadores da Riney. (Depois do sucesso inicial, os profissionais de marketing do Saturn começaram a negligenciar essa vantagem. Agora se parecem com todos os outros. Que pena.) À medida que os problemas de marketing se tornam mais complexos, a alavancagem criativa exige uma tolerância maior ao risco. Se você não assume riscos, seus concorrentes assumirão.

Colabore ou Morra

Em 19 de abril de 2005, quando o governo americano divulgou novos preceitos alimentares, duas inteligentes equipes formadas por profissionais de marketing do grupo Pepsi estavam prontas para agir. No dia em que a medida foi anunciada pela imprensa, a Quaker Oats e a Tropicana Orange Juice, juntas, veicularam um anúncio de meia página, referindo-se aos seus produtos alimentícios para o café da manhã: "Obtenha metade de sua porção diária de frutas e grãos integrais antes de tirar o pijama". Com uma mensagem clara, o pessoal de mídia, de RP e de propaganda, de duas empresas distintas, conseguiu um grande destaque colaborando em uma propaganda conjunta e veiculando sua mensagem no momento oportuno.

A colaboração não é mais uma escolha. A questão que se coloca é a seguinte: o quanto você é bom nisso? Durante muitos anos, Robert Kelly, da Carnegie Mellon University, fez a mesma pergunta a muitas empresas: "Que porcentagem do conhecimento que você precisa para fazer seu trabalho está armazenada em sua mente?" Em 1886, a resposta geral era 75%. Em 1997, tinha caído para 15% a 20%.[8]

Ouça Atentamente Seus Clientes (E Depois Mais Alguns)

A única forma que conhecemos de escapar da armadilha da *commodity* é ouvir os clientes, a fim de aprimorar a proposição de valor sem baixar o preço. A Best Buy, grande varejista de eletrônicos, por exemplo, olhou a concorrência e não gostou do que viu. O Wal-Mart dificultou a competição diminuindo o preço, enquanto a Amazon.com disparou na frente oferecendo a conveniência das compras on-line.

Logo, a Best Buy foi conversar com os clientes para descobrir que tipo de experiência de compra eles queriam experimentar, quando procuravam eletrônicos.

Foi além e fez *shop-alongs* (acompanhamentos de compras), nos quais os pesquisadores agiram como os antropólogos, observando uma cultura estrangeira. Eles perguntaram o que podiam fazer melhor.

Esses pesquisadores de mercado ouviram os clientes tanto em suas próprias lojas quanto nas de seus concorrentes e descobriram cinco segmentos diferentes de consumidor, cada um com suas necessidades de informação e preferências de compra. A partir desse resultado, a Best Buy reformulou todas as suas operações, para dar atendimento exclusivo a cada um dos cinco segmentos em ambientes diferentes.

A Best Buy analisa, por exemplo, que tipo de experiência de compra e de suporte técnico são desejados por mães com filhos em idade de praticar esportes. O esforço está começando a compensar. Em 2005, as lojas-piloto tiveram um crescimento duas vezes maior do que as lojas que permaneceram no antigo modelo.[9]

Os consumidores nunca foram tão bem informados em marketing como agora. Se você se aproxima deles desde o início do processo de pesquisa, e lhes faz as perguntas certas, então estará bem perto de descobrir a melhor maneira de se ligar a eles.

Uma História de Advertência sobre a Arte pela Arte

Quando erramos o alvo, é porque deixamos de considerar um ou mais desses princípios. Por exemplo, em 1998, a Miller Brewing Company nos contratou para alavancar sua marca Miller Lite, que apresentava queda nas vendas. A Miller Lite não estava ganhando da Bud Light em teste cego (*blind test*). E mesmo gastando mais, estava sendo superada pelo melhor sistema de distribuição da Budweiser.

Começamos nosso negócio com o sonho de resolver esse problema de marketing: categoria grande, muita exposição nacional, um obstáculo aparentemente insuperável. Tínhamos de resgatar algo em um terreno onde outros haviam falhado.

Nosso diagnóstico foi que a marca Miller Lite estava perdida. Não tinha personalidade suficiente, nem oferecia uma vantagem. A Miller concordou. Para diminuir o domínio da Budweiser, criamos uma campanha que distinguia a Miller da Bud. Demos a ela uma personalidade marcante, irreverente, e apelamos para a atração que a Geração X tinha pela ironia e pelo absurdo.

Descobrimos que ainda havia ressonância do conceito "Miller time" , há muito tempo abandonado. Então adotamos "Miller time" para nosso público-alvo, formado por jovens adultos do sexo masculino, embora eles não entendessem muito bem o que a expressão significava. Por isso, redefinimos "Miller time". Eles nos disseram que os melhores momentos para um bom apreciador de cerveja

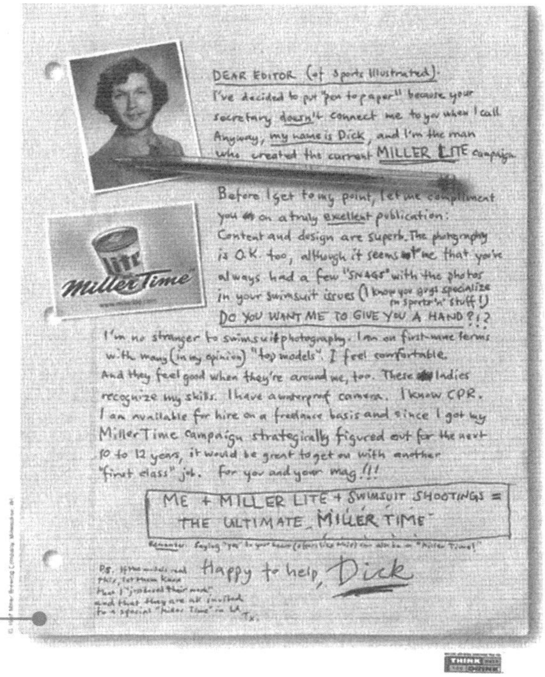

"Prezado Editor". Este anúncio foi veiculado em *Sports Illustrated.* Na época, achamos que ele era bem engraçado, mas a falta de estratégia norteadora e de alinhamento com os distribuidores impediu que a campanha causasse impacto nos negócios da Miller.

eram espontâneos e não planejados. Veio o insight: "At Miller Time, anything can happen" (Na Miller Time, qualquer coisa pode acontecer).

Nos três anos seguintes, criamos mais de 150 comerciais de TV e propagandas impressas. Algumas eram muito engraçadas. Em um dos comerciais mais populares, um cara dança o *twist* na frente de uma garrafa de Miller Lite, depois de ler as instruções: "Twist to open". Mas fomos longe demais. Muitos dos comerciais eram esquisitos, só para serem esquisitos. Alguns pareciam *clips* de um festival de filmes de estudantes tchecoslovacos. Em julho de 1997, a *Brandweek* escreveu: "Talvez um dos reposicionamentos mais agressivos da propaganda tenha sido a campanha da Miller Time, que exibe uma série de anúncios irreverentes, até mesmo imaturos, do superastro da criação, Dick, que estabeleceu uma divisão demográfica na terra da TV, arrancando opiniões favoráveis do público com menos de 34 anos e críticas quase universais."[10]

Havia dois problemas mais profundos do que a maneira como nossos anúncios foram recebidos. Primeiro, nós nos esquecemos da cerveja. O mais importante, em nossa análise do problema da Miller, foi o fato de deixarmos de fora um componente-chave do sucesso de qualquer cerveja: os distribuidores. Acontece que os distribuidores da Miller eram uma geração mais velha do que nosso público-alvo, e haviam testemunhado a ascensão da Miller Lite uma década antes, durante a campanha repetitiva, estrategicamente segura, de velhos atletas gritando: "Excelente sabor! Menos espuma!" Pois esses distribuidores não tinham paciência para esperar, enquanto fazíamos experiências, e ficavam completamente alheios a comerciais como aquele que mostrava um camarada vestido de castor atacando uma cabana de madeira.

Sem o apoio essencial dos distribuidores, e na falta de uma estratégia íntegra e clara por trás daquela tolice, nosso trabalho para a Miller Lite tornou-se o próprio retrato da criatividade de uma criança que corre à solta. Não conseguimos nos ater a alguns de nossos princípios fundamentais.

O Que Esperar Deste Livro

Nos últimos 25 anos, colhemos mais acertos do que erros. Não somos uma agência imensa — nós nos classificamos em 28º lugar nos Estados Unidos, e temos quinhentos funcionários no mundo todo —, mas nos orgulhamos de oferecer o que nossos clientes precisam. Com os anos, além das empresas mencionadas neste livro, tivemos a felicidade de trabalhar com clientes como Wall Street Journal, Federal Express, Porsche, Prudential Insurance Company, Nikon, QUALCOMM, Nuveen Investments, Starbucks, Microsoft, Georgia Pacific, BBC, Kitchen Aid, Saint Paul Travelers Insurance e NBC.

Escrevemos este livro para explicar como a alavancagem criativa pode guiálo em busca de soluções para problemas de marketing e branding. As dez histórias que contamos aqui exploram a alavancagem criativa por todos os ângulos.

Escolhemos clientes que não podiam ser mais diferentes: uma empresa aérea na corda bamba, uma fabricante de jeans com uma imagem fora de moda, uma empresa de telefonia celular não convencional, um mastodonte de alta tecnologia em obsolescência, um banco que não queria se parecer com um banco, e um famoso destino turístico que ninguém conhecia realmente. Ao longo do livro, fazemos rápidos comentários sobre revistas, carros de luxo, bolsa de valores eletrônica, entre outros.

Muito se tem escrito sobre essas campanhas na imprensa nacional e em *trade*, e algumas têm sido apresentadas em programas de MBA em todo o país. Levaremos você para os bastidores. Você verá os impasses e os avanços, os riscos calculados e os frutos de colaboradores de alto nível. Cada caso é uma lição na aplicação da alavancagem criativa. Você verá por que Lee Jeans atrelou o seu futuro ao *jeans* para homens utilizando um boneco de gesso da década de 30, por que a BMW desistiu de seu orçamento de TV para produzir curtas-metragens para a Internet, e como a EDS, de marketing B2B, disparou o gatilho em um comercial de 3 milhões de dólares para o Super Bowl, embora a propaganda, para o Super Bowl, seja um jogo enorme, mesmo para produtos de consumo.

No final de cada história, discorremos sobre os resultados da empresa. Como os clientes diferem na maneira de definir resultados mensuráveis, fazemos o máximo para destacar nosso papel no devido contexto de seus negócios. A medida final da alavancagem criativa são as receitas que geram o crescimento dos lucros. Contudo, nossos clientes também tinham outros objetivos, como a melhoria da opinião pública, o aumento da consciência, a maior intenção de compra ou mesmo um pequeno aumento no preço das ações.

Alavancagem Criativa na Rede

Temos um lugar especial em nosso site, onde você pode assistir a comerciais de televisão ou vídeos aos quais nos referimos nos *cases*. Visite www.juicingtheorange.com e clique em "See the Work".

Por causa da lamentável situação do retorno da propaganda como fonte de investimento, você tem todo o direito de não acreditar que a alavancagem criativa funciona. Não estamos propondo que a alavancagem criativa apresentada nessas histórias vá reestruturar os modelos de negócio, mas esperamos mostrar seu impacto sobre o resultado financeiro, quando se trata de solucionar problemas de marketing e *branding*. Apresentaremos as evidências da melhor maneira que pudermos e deixaremos que você decida.

O Capítulo 10 trata da importância da cultura no estímulo à criatividade. Acreditamos que você tenha mais criatividade em sua organização do que pode perceber. E queremos que você possa encontrá-la, desenvolvê-la e usá-la mais efetivamente. Também esperamos afastar alguns mitos sobre a criatividade, o que infelizmente representa uma grande carga negativa no mundo dos negócios. Em 1997, a *California Management Review* publicou um estudo que investigava como especialistas dos diversos campos, como Física, Arte, Negócios, lidavam com conceitos abstratos de sabedoria, inteligência e criatividade. "Na maioria dos campos havia pouca ou nenhuma relação entre comportamentos que caracterizassem a pessoa sábia", escreveram os autores do estudo, "mas, no grupo de negócios, a relação [com a criatividade] foi realmente negativa, pois as pessoas de negócios tendiam a acreditar que era insensato ser criativo."[11]

Ao chegar ao final deste livro, talvez você concorde que não faz sentido seguir qualquer outro caminho.

Capítulo Dois

Superando a Comoditização de Sua Marca

A maioria das agências de publicidade teve como cliente, em algum momento, um banco — nós tivemos pelo menos quatro —, e a tendência natural de um banco é ser conservador. O que se pensa, de modo geral, é que as pessoas escolhem um banco com base em critérios racionais, como sua localização e o valor das taxas cobradas pelo uso do caixa eletrônico e de outros serviços. Essas suposições levam a uma idéia centrada em "taxas e tarifas". Quando os bancos tentam trabalhar o branding, eles costumam operar em uma faixa emocional estreita — fácil de usar, acessível ou confiável —, mas poucos têm exibido uma personalidade própria ou estariam dispostos a se comprometer com um esforço sustentado de branding.

Quando o Citibank nos deu a oportunidade de competir para tê-lo como cliente, em 1999, ele quis adotar uma abordagem diferente, tanto no que concerne aos serviços bancários quanto à gestão da marca. Graças a uma transformação radical, que na época agitava o setor, esse novo tratamento foi quase uma necessidade, pois havia novas forças externas pressionando a melhoria de qualidade dos serviços bancários, o que ameaçava seu confortável modo de ser.

Na década de 90, a consolidação foi maciça. De 1990 a 1998, houve fusões de mais de quatro mil bancos nos Estados Unidos, o que reduziu em 30% seu total em operação.[1]

A legislação recente aumentou a quantidade de serviços que os bancos podem oferecer. Se antes a atividade bancária era um empreendimento local, de repente os megabancos passaram a competir em âmbito nacional e a oferecer um número maior de produtos. Além disso, as novas regulamentações deixaram de proteger os bancos das forças competitivas do mercado. Outros participantes como a General Electric, a Microsoft e os fabricantes de carros começaram a oferecer cartões de crédito e empréstimos ao consumidor.

Para complicar as coisas, a categoria estava alcançando *status* de *commodity*. Os bancos se tornaram meros instrumentos do mundo financeiro. Com a similaridade de produtos e de distribuição, as pessoas deixaram de se importar com os bancos, o que se refletiu no banco do qual eram clientes. Até o cartão de crédito do Citibank deixou de ser atraente. Como os cartões eram fruto de parceria com outra instituição, apenas 25% dos portadores de um cartão Citibank percebiam que ele levava a marca do banco.

Querendo prosperar, o nosso cliente precisava encontrar uma razão convincente e relevante, para que os clientes o escolhessem. Em outras palavras, teria de espremer a laranja e usar a criatividade para estabelecer uma vantagem competitiva.

No Citibank, Anne MacDonald, diretora de marketing global, e Brad Jakeman, diretor administrativo de marketing global, resolveram enfrentar essa realidade e conceberam um plano audacioso: transformar o Citibank em marca proeminente, de poder global, superando a imagem de empresa prestadora de serviços financeiros, para se firmar como marca de excelência, assim como Disney, Nike, ou Coca-Cola. A nova equipe de marketing entendia que essas marcas têm simultaneamente estabilidade e impulso, o que aumenta sua chance de crescimento global a longo prazo.

Antes de cuidar da imagem de sua marca, os executivos do Citibank implementaram mudanças organizacionais capazes de torná-los mais centrados no cliente em todos os aspectos. Melhoraram a qualidade do atendimento em todas as agências e começaram a oferecer outros produtos que beneficiavam o cliente, como proteção contra clonagem de cartões de crédito. Mas a parte mais ousada do plano foi a maneira que os executivos encontraram para posicionar a marca. Embora não soubessem claramente o significado da expressão, MacDonald e Jakeman passaram a divulgar o Citibank como "o primeiro banco que não parece banco" do mundo.

Ouça Seu Barbeiro

Ao nos procurar, os clientes normalmente focalizam os limites típicos de sua categoria. Eles querem que o mundo os veja como a melhor empresa de seguros, ou o melhor fabricante de carros, ou ainda a mais famosa casa de *fast food*. Quando o Citibank começou a examinar a imagem das empresas de serviços financeiros, observou como sua marca era fraca em relação ao lugar que ocupava no meio empresarial americano. O Citibank queria ampliar seus limites, mas os bancos não tinham uma boa reputação. Seus executivos entendiam que as aspirações do Citibank iam além das expectativas das pessoas. Daí surgiu a idéia central de não se parecer com um banco.

Achamos essa idéia ao mesmo tempo liberalizante e assustadora. Mesmo assim, ficamos gratos pelo convite. Eles estavam sendo sinceros, quando nos convidaram para enfrentar esse desafio. Acontece que éramos apenas uma entre várias agências fortes que competiam pela conta. A imprensa comercial até citou Brad Jakeman, dizendo que teria sido enfeitiçado por Lee Clow, o lendário chefe de criação da Chiat\Day. Não podíamos deixar isso de graça. Então, criamos uma engenhoca que movia um ponteiro, ora para a esquerda, ora para a direita, em direção a Lee Clow de um lado e Pat Fallon de outro. Mostramos aos executivos do Citibank dizendo que queríamos o ponteiro apontando somente em nossa direção.

Antes de começarmos a trabalhar com o conceito de um banco que não se parecia com um banco, precisávamos entender a imagem da marca Citibank. Também precisávamos entender seus clientes melhor do que qualquer um de nossos concorrentes e, em muitos sentidos, melhor ainda do que o próprio Citibank. Interrogando sua base de clientes, esperávamos encontrar uma verdade essencial que pudesse ligar os dois e ao mesmo tempo ajudar o Citibank a cumprir sua promessa de marca.

O Citibank não tinha nenhuma bagagem. Para melhor ou para pior, era um recipiente vazio. Vimos a marca como uma folha em branco e nos concentramos em seus clientes potenciais. Uma marca de massa como a do Citibank representa um público de massa, especificamente pessoas com idade entre 25 e 59 anos, com renda familiar igual ou superior a 35 mil dólares. Em outras palavras, praticamente todo mundo. Analisamos cada pesquisa de marketing que caiu em nossas mãos, mas era impossível fazer a avaliação de um público-alvo tão heterogêneo.

Logo, começamos do zero. Se o Citibank já fosse nosso cliente (como a Purina), teríamos acampado em suas agências para observar o comportamento de seus clientes. Mas devido ao pouco tempo para a apresentação de nossa proposta, reunimos meia dúzia de grupos de discussão. Esses grupos têm sido desconsiderados pelos especialistas, pois são vistos como uma ferramenta mal usada na pesquisa de mercado, um instrumento suspeito e enganador. Alguns profissionais de marketing acreditam que os participantes de um grupo de discussão vão lhe dizer apenas o que você deseja ouvir. Contudo, achamos que nossos profissionais tinham habilidade suficiente para conduzir esses grupos de forma a chegar ao *insight* renovador que precisávamos.

Eles ouviam atentamente, mas não faziam as perguntas certas. Começamos recebendo as mesmas respostas, que não eram muito inspiradoras. As pessoas falavam com indiferença sobre tranqüilidade e segurança, taxas de juros, conveniência da localização e tarifas de caixa eletrônico. Nossa equipe de criação — em uma via de mão única — estava recebendo níquel, quando precisava de ouro.

Nossos profissionais tinham treinamento necessário para identificar até uma simples centelha de energia na sala. Eles ficam atentos, mesmo quando um grupo de discussão fala mal de determinado produto ou categoria, pois normalmente a paixão dá indícios de um *insight* potencial com muito mais precisão do que o otimismo. Entretanto, as pessoas ali reunidas nem mesmo fingiam interesse, o que deixava nossos profissionais quase desesperados, querendo encontrar alguma ligação emocional entre elas e a categoria. A verdade é que aqueles grupos de discussão não tinham nenhum interesse por nada relacionado a serviços bancários.

Felizmente, um de nossos planejadores resolveu cortar o cabelo. Sentado naquela cadeira, vendo no espelho a própria cara angustiada com o pouco interesse que os serviços bancários despertavam, resolveu puxar assunto com o barbeiro. O homem lhe respondeu francamente: "As pessoas não ligam para os bancos, mas se importam muito com o dinheiro e com o papel dele em suas vidas".

Como deixamos escapar isso? O problema era que estávamos olhando para o ponto de contato do cliente com o banco, em vez de irmos mais fundo, ou seja, na razão para precisarem de um banco em primeiro lugar. Estávamos procurando uma emoção nova nas transações bancárias, em vez de buscá-la no relacionamento do cliente com seu banco. A forma como conduzimos a discussão fez com que nossos entrevistados, desinteressados, se contentassem em responder o que já era esperado. Para eles, o abismo entre o tédio dos serviços bancários e a importância do dinheiro em suas vidas era tão grande que a discussão nunca atingiria o que realmente importava.

Percebemos que precisávamos reformular a discussão. Em vez de conversar sobre bancos e dinheiro, precisávamos fazer com que os participantes se voltassem para si mesmos. Tentamos outra sessão. Dessa vez, conseguimos que eles falassem de suas vidas e do que o dinheiro representava para elas. Evitamos abordar assuntos relacionados aos serviços bancários. De imediato, percebemos que todos estavam envolvidos com a discussão. A energia na sala cresceu. Os participantes começaram a conversar sobre dinheiro em termos do que as fazia feliz e de quanto precisavam para viver bem. De repente, tínhamos seres humanos, e não clientes de banco.

Ainda mais notável foi o que as pessoas disseram. Esses grupos de discussão surgiram durante o período de crescimento repentino de empresas inconsistentes e sem patrimônio que caracterizaram o *boom* da internet. De acordo com os jornais, todos estavam obcecados com a idéia de se aposentar aos 40 anos. Comece uma empresa virtual, faça com que fique conhecida o mais rápido possível, venda-a sem demora e aposente-se milionário. Ou compre ações de uma empresa virtual que esteja começando, venda-as um mês depois e aposente-se milionário. No entanto, na segunda sessão dos grupos de discussão, as pessoas não estavam falando de internet, Mercedes conversíveis ou férias nas Ilhas Seychelles. Elas viam o dinheiro como um meio, e pouco mais que isso. Ser milionário não fazia parte da fantasia.

Suas palavras começaram a soar verdadeiras. Percebemos que alguns membros de nossa equipe nem imaginavam que "trabalhar para pagar as contas" pudesse ser uma meta financeira. Continuamos ouvindo e observando. Com o tempo, surgiu um padrão. Uma classe inteiramente nova de clientes de banco se materializou. Nós a rotulamos de "clientes que buscam o equilíbrio". E já podíamos ver que poderiam preferir um banco "que não se parecesse com um banco".

Para simplificar o problema, reduzimos a solução à sua essência: cultivar aqueles que buscam o equilíbrio.

Descobrimos uma Verdade Emocional Importante?

Desvendar uma verdade emocional é sempre um ponto de partida excitante, mas apenas um começo. Podemos imaginar como os planejadores de Hal Riney se sentiram quando identificaram aquelas pessoas que se importavam tanto com a compra de um carro quanto com o carro que compravam, e que ajudaram a criar a fábrica de automóveis Saturn.

Contudo, antes de ficarmos empolgados demais, precisávamos atingir duas metas. Em primeiro lugar, tínhamos de identificar a verdade emocional. Para ganhar a conta com essas descobertas, devíamos estabelecer a existência dessa tribo perdida formada por clientes que buscam o equilíbrio financeiro. Quantos seriam? O banco lucraria com eles? Que mensagem de marketing poderia sensibilizá-los?

Em segundo lugar, tínhamos de gerar a grande idéia que faria a conexão entre o Citibank e aqueles que buscam o equilíbrio financeiro. Se não descobríssemos o modo de ajudar o Citibank a se ligar a eles, o fato de termos descoberto sua existência seria interessante, mas inútil.

Em busca de algo mais consistente, nossos profissionais foram mais fundo. Empresas especializadas conduzem pesquisas por telefone nos Estados Unidos, com uma ampla amostra de pessoas. Quando precisamos fazer uma rápida leitura qualitativa, procuramos essas empresas. Por 1.000 dólares, você pode comprar uma pergunta, desde que não seja específica de um produto. Compramos duas. A primeira era qualificativa, para determinar quantos clientes em busca de equilíbrio financeiro havia lá. "Você diria que sucesso financeiro significa ter todo o dinheiro que você deseja, ou diria que é ter o suficiente para as necessidades básicas, desde que sobre um pouco para se divertir?"

Para aqueles que responderam que sucesso financeiro é ter o suficiente para as necessidades básicas, desde que sobrasse um pouco, fizemos a segunda pergunta. Queríamos saber o que pensavam a respeito do sucesso em relação ao dinheiro. "Você diria que já atingiu o sucesso, que é muito provável que nunca o atinja, que o alcançará no futuro, ou que estará sempre trabalhando para consegui-lo?"

Quase a metade dos entrevistados (46%) disse que estava satisfeita com a vida que levava e com o fato de ter o suficiente para cobrir os gastos, e que sempre trabalharia para obter sucesso. Esse achado foi imensamente significativo. Havia um grande número de entrevistados com tendência a atingir o equilíbrio financeiro. Eram pessoas que se distribuíam por todas as faixas etárias e todos os níveis de renda e educação. No entanto, não apareciam nas pesquisas convencionais.

Um dos indicadores que sempre seguimos, para chegar a uma verdade essencial, é a confirmação dos mesmos dados em pesquisas posteriores. Por isso, estudamos algumas pesquisas de mercado, dessas que são vendidas para profissionais ligados à área econômica, e quantificamos ainda mais nosso público-alvo, formado por aqueles que buscam o equilíbrio financeiro. Selecionamos várias perguntas que haviam sido respondidas por uma grande amostra de americanos e fizemos a referência cruzada de comportamentos e atitudes relacionados a dinheiro e vida, para que tivéssemos a confirmação da existência de um grande número de pessoas em busca do equilíbrio financeiro. Descobrimos que mais ou menos a metade dos adultos americanos tinha fortes tendências para buscar esse equilíbrio. Melhor ainda: essas pessoas deram indícios de ter mais ativos e mais contas bancárias do que o cliente médio de banco.

Foi um avanço enorme. A equipe havia quantificado pessoas para quem o dinheiro não era tudo, mas que buscavam o equilíbrio financeiro, e esse número era suficientemente grande para justificar uma boa conversa com o Citibank. Não sabíamos ainda como chegar até eles, mas não havia dúvida de que eles existiam. Estávamos a meio caminho de casa.

Começando uma Conversa com Aqueles Que Buscam o Equilíbrio Financeiro

Agora que havíamos encontrado essa verdade emocional, precisávamos propor ao Citibank transformá-la em diferencial, de forma convincente, para seus clientes atuais e potenciais. Antes de começarmos a elaborar um programa de comunicação, era essencial dar vida aos clientes que buscam o equilíbrio financeiro. Até esse ponto, nosso trabalho estava restrito a pesquisas e cálculos numéricos. O próximo passo era captar o lado humano desse cliente. Há um exercício que realizamos freqüentemente. Com base nas características abstratas que identificamos, passamos a imaginar aquela pessoa como alguém próximo, como nosso vizinho.

Daí em diante, o trabalho deslanchou. Já não nos sentíamos como profissionais criando propaganda, mas como seres humanos que se ligavam a esse novo público. Chegamos a um *slogan*: "O Citibank sabe que há mais coisas na vida além de dinheiro". Nosso *briefing* dizia: "São pessoas que não buscam a riqueza, mas querem uma vida rica". A idéia ficou resumida assim: 'Live richly' (Tenha uma vida rica)".

O Cliente Que Busca o Equilíbrio Financeiro: uma Definição de Nosso Cliente (Desde 1999)

Neste mundo de empresas virtuais *superstars*, de mania de *Powerball* e de *Quem Quer se Casar com um Milionário?*, os clientes do Citibank sorriem e estão de bem com a vida. Eles se divertem com a mentalidade do enriquecimento rápido, que parece permear a cultura. Sabem o que podem atingir e se contentam com isso. É claro que gostariam de ter um pouco mais de dinheiro, comprar um carro mais bonito ou reformar a casa, matricular os filhos em uma escola melhor e ter um barco do tipo *bass boat* com 16 pés. Mas eles sabem que o verdadeiro sucesso financeiro não tem data certa para acontecer. O sucesso não vai bater na sua porta. O verdadeiro sucesso financeiro está nas pequenas decisões que eles tomam todo dia a respeito do dinheiro. Para eles, dinheiro não é o objetivo. Não é o que faz sua vida valer a pena. O dinheiro é apenas o lubrificante que mantém uma vida feliz, engrenada, que segue em frente. Eles medem o sucesso pelas coisas que fazem, não pelo dinheiro que acumulam. Eles entendem que não podem ter tudo.

O verdadeiro sucesso financeiro é um estado de equilíbrio. É um sentimento intuitivo de que eles estão usando o dinheiro para conseguir o máximo da vida, hoje e amanhã.

Eles procuram ficar sempre na zona de equilíbrio, mas, às vezes, como dizem, a merda acontece. As coisas saem dos trilhos. A vida dá uma guinada.

Um telhado precisa ser consertado. Um convite para uma festa pede um vestido novo. O carro, de repente, precisa de uma oficina mecânica. E eles devem lutar mais uma vez para encontrar o novo equilíbrio. Ninguém pode fazer isso por eles. Somente *eles* podem recobrar o equilíbrio.

Eles acreditam que um banco está mais qualificado para ajudá-los. Mas comece a falar de "relacionamento" e correrão de você.

Criamos alguns exemplos de comerciais de televisão. Os anúncios mostravam pessoas em situações normais, fazendo coisas que lhes interessavam e que lhes davam mais alegria que o dinheiro. O primeiro anúncio foi filmado no quintal de nosso produtor assistente e ele rodopiava com seu filho pequeno. Não havia *script*, apenas estas palavras apareciam na tela:

Um jeito rápido de enriquecer:
Contabilize suas bênçãos.
Há mais coisas na vida além de dinheiro.
E existe um banco que entende isso.
Citi. "Live richly".

Quando chegou a hora da apresentação, estávamos nervosos. A idéia que íamos defender imporia exigências à organização em áreas como treinamento, liderança e defesa da marca, que iam muito além de nosso papel como profissionais de marketing. O comportamento da empresa teria de corresponder à propaganda, ou todo o constructo da marca poderia ir por água abaixo. Como profissionais de marketing, conduziríamos um pouco a realidade — mostraríamos o caminho, se você prefere assim —, mas não poderíamos ir mais longe, a ponto de questionar a experiência real do cliente, pois haveria uma forte reação do consumidor.

Esperávamos certa resistência e algum ceticismo do Citibank, mas, depois de nossa apresentação, eles estavam prontos para apostar tudo na idéia. Eles a captaram no nível humano. Podiam compreender aqueles que buscam o equilíbrio financeiro e sabiam como atender esse mercado melhor do que ninguém.

O Citibank estava buscando uma abordagem que não se parecesse com a de um banco — não buscava uma simples campanha publicitária, mas uma aproximação com seus clientes.

Grandes Idéias Têm Ombros Largos

Produzimos mais de 800 peças publicitárias, inclusive a série de cartazes que foram espalhados pelas ruas de Manhattan. Aconteceu quase imediatamente a ligação entre a marca e aquele que busca o equilíbrio financeiro. Depois de oito semanas de propaganda, a pesquisa *tracking* mostrou que a predisposição dos consumidores para usar o Citibank como um provedor de serviços financeiros havia crescido em 50%. Houve um aumento de 25% nas perguntas feitas pelo site do Citibank naquele mesmo *flight* publicitário. Esses primeiros indicadores de uma boa impressão provaram que não se tratava apenas de sorte. Logo no início, a campanha provou sua capacidade de gerar negócio. A aquisição de cartão de crédito aumentou 30%. As solicitações de empréstimo com garantia de imóvel residencial aumentaram 14%. As contas de cartão de pequenas empresas subiram 20%.[2]

A *Wall Street* ficou sabendo. O analista David Hilder, da Bear Stearns, escreveu em seu relatório de pesquisa: "O Citigroup fez um bom trabalho ao transmitir a amplitude de sua franquia global, principalmente empregando uma abordagem séria e bem-sucedida na publicidade ao consumidor, o que é raro para uma empresa de serviços financeiros."[3] O Citibank estava a caminho de estabelecer uma sólida posição como marca de poder global. Em 2005, subiu para o décimo segundo lugar na lista das marcas de maior valor do mundo, a posição mais alta alcançada por uma empresa de serviços financeiros.[4]

O cliente que busca equilíbrio financeiro também provou ser o que chamamos de "uma idéia plataforma". Uma idéia plataforma pode transcender a propaganda e tocar muitos aspectos do negócio de um cliente. Achamos que o slogan "o Citibank sabe que há mais coisas na vida além de dinheiro" era uma filosofia de marca que poderia se aplicar a qualquer linha de produto do Citibank — na divisão de cartão de crédito, em cada agência e nas agências financiadoras. Se adequadamente executada, uma idéia plataforma tem o poder de ajudar a transformar a marca.

Praticamente todo produto se encaixava na idéia plataforma "mais coisas na vida além de dinheiro", e "Live richly" tinha a força necessária para influenciar o desenvolvimento de produto, o design da agência de atendimento ao público, os impressos de cobrança e praticamente todos os pontos de contato entre o Citibank e seus clientes.

Por exemplo, quando o medo de clonagem de cartões varreu o país, o Citibank introduziu os melhores dispositivos de proteção aos seus cartões de crédito. Em vez de darmos proteções comuns, produzimos uma série de comerciais atrativos mostrando a vítima em sua casa, falando para a câmera. Mas, em vez de ouvir a voz da vítima, o telespectador ouvia o criminoso, muito feliz com as compras que fez. O anunciante concluía: "Soluções Citibank para clonagem. Grátis para qualquer cartão Citibank. Quer ajuda para ter sua vida de volta? É só saber usar seu cartão". As características do produto, bem como o estilo do comercial, reforçavam o tema "Live richly".

O Citibank também revigorou produtos mais antigos com a nova identidade da marca. O Citipro, um serviço de planejamento financeiro gratuito, que estava no mercado já há algum tempo, e que funciona como abertura para venda de vários produtos no varejo, foi um dos que tiveram sensível crescimento depois de ser relançado sob o slogan "Live richly". Depois das primeiras seis semanas, suas solicitações subiram 67%, levando a um aumento de 184% nas vendas.[5]

As melhores plataformas podem funcionar até internamente. Preparamos uma cartilha que orientava os funcionários do Citibank a identificar e ajudar clientes em busca de equilíbrio financeiro. Chegamos a criar uma solicitação de emprego que reconhecia nos futuros funcionários do banco a capacidade de se identificar com o modo de ser dos clientes que buscam esse equilíbrio.

O Cliente Que Busca o Equilíbrio Viaja Bem

"Live richly" foi concebido originalmente para o mercado norte-americano. Contudo, a natureza humana do conceito é, de longe, mais universal do que poderíamos ter imaginado. No mundo todo encontramos clientes que buscam equilíbrio, e o conceito se traduziu bem na Alemanha, na Grécia, no Japão e no Brasil.

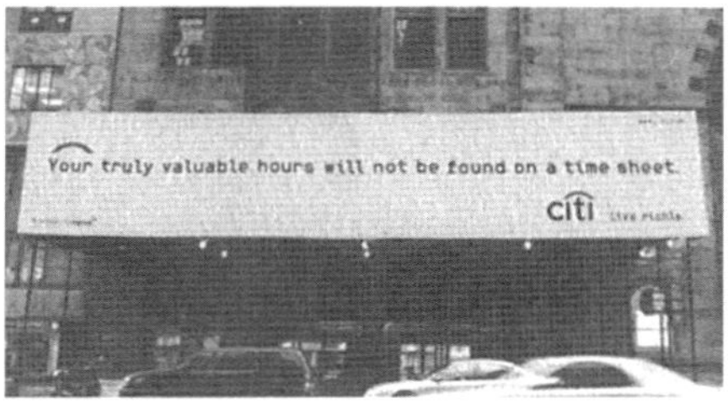

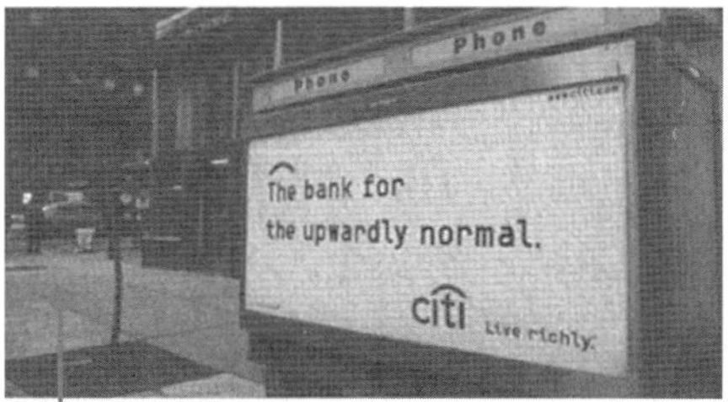

Citibank nas ruas. Se é incomum um banco se conectar ao cliente em um nível emocional, é ainda mais incomum uma propaganda de *outdoor* estabelecer uma conexão emocional. Mas quem não sorriria e concordaria com estas pérolas? Atualmente há mais de 175 execuções do tema "Live richly", e elas foram publicadas em livro.

Há nesses mercados diferenças sutis e significativas que nos mostram a importância de continuar ouvindo os clientes, mesmo quando você acha que já deduziu quem são eles. À medida que a campanha se estende geograficamente, sua execução muda, para combinar com o clima cultural. O Citibank procura se certificar de que está se aproximando daqueles que buscam o equilíbrio financeiro em cada país através das lentes de sua própria cultura, em vez de exigir consistência global.

O cliente alemão que busca equilíbrio financeiro, por exemplo, preocupa-se com segurança e saúde. O cliente grego, por outro lado, importa-se com segurança e quer ter uma vida plena. Ele expressa seu sentimento da seguinte forma: "Você não pode ter qualidade de vida sem segurança, mas de que adianta estar seguro, se isso não lhe dá prazer?"[6]

A adaptação da campanha à realidade grega está dando resultados. Todas as medidas esperadas de consciência e atitude deram um salto, e a receita líquida das operações de cartão de crédito subiu 20%. A empresa recebeu 11 mil chamadas durante a promoção de empréstimos. As contas de poupança com juros altos, em agências participantes, cresceram mais rápido do que o crescimento combinado de todos os produtos nos três anos anteriores.[7]

Rigor e Criatividade o Tirarão da Armadilha da *Commodity*

Este case começou com um cliente que percebeu os perigos da armadilha da *commodity* e comprometeu-se a encontrar uma forma de escapar. Ele exigiu algo diferente. De nossa parte, nossos profissionais entenderam que satisfazer as exigências do cliente exigiria um nível de *insight* além do normalmente praticado.

Quando a alavancagem criativa funciona, há um avanço estratégico. Você descobre algo, sobre o mercado-alvo, que é território novo. A grande lição — e você a encontrará também em outras histórias — é que você precisa investigar incansavelmente o mercado-alvo, até encontrar essa nova vantagem. As lâmpadas não acendem, até que a instalação elétrica da casa esteja pronta.

Capítulo Três

Lutando pela Voz de Sua Marca

Quando nos ofereceram a oportunidade de disputar a conta da United Airlines, em outubro de 1996, a empresa era atendida, desde o início dos anos 60, pela agência de publicidade Leo-Burnett. Trinta anos antes, pela primeira vez a Burnett havia feito um convite aos passageiros da United Airlines: "Fly The Friendly Skies". Esse slogan elegante criou, para a marca, uma das imagens mais reconhecíveis e duradouras ostentada por uma empresa aérea. Traduzia a combinação de aviões novos, limpos, reluzentes, com um serviço impecável, e captava a fantasia da mobilidade e do progresso, marco dos primeiros vôos comerciais.

O problema foi que, no final da década de 90, a idéia de voar por céus amigos ficou obsoleta. A United começou a ouvir de seus passageiros regulares que a expressão "céus amigos" significava pouco no mundo angustiante e complicado da época. A viagem aérea já se tornara parte do trabalho — um mal necessário — e não um símbolo de liberdade, muito menos de realização ou prestígio. O item "agradável" nem estava na lista de atributos desejados (serviço profissional, sim, mas não agradável). Com o tempo, a afirmação essencial da United, como marca, tornou-se irrelevante e, para alguns, até irritante.

Percebemos esse fato como uma oportunidade para a empresa se reconectar com os consumidores de um modo diferente. Como havia acontecido com o Citibank, primeiro precisávamos descobrir quais consumidores seriam nosso alvo. Para ajudar na preparação das apresentações, a United forneceu a todas as agências concorrentes um estudo preparado pela Cambridge Research, que analisava a origem da receita da empresa. Um dado chamou nossa atenção: 48% de sua receita era proveniente de 9% de seus clientes, ou seja, os viajantes habituais eram executivos (*frequent business travelers* – FBTs) que voavam várias vezes por mês pela companhia, geralmente com as passagens mais caras.

Em casos assim, decidir o que não fazer é tão importante quanto decidir o que fazer. Para definir o problema da forma mais simples possível, direcionamos nossa apresentação para ajudar a United a comunicar-se com os FBTs, excluindo outros segmentos como os viajantes de férias, por exemplo. Os executivos da empresa encarregados de selecionar a agência ficaram tão intrigados com nosso foco incansável nos FBTs, que acabamos vencendo a concorrência e ficamos com a fatia relativa aos vôos domésticos.[1] Foi uma vitória importante para nós. Com 2.300 vôos por dia, a United era a maior companhia aérea do mundo. Toda vez que pousávamos no aeroporto O'Hare, em Chicago, e víamos todas aquelas aeronaves da United, nós nos beliscávamos para acreditar que éramos sua agência de propaganda.

Quando ganhamos essa conta gorda — um negócio lucrativo em uma categoria que na época era saudável —, pensamos em apurar as relações da companhia com seus clientes mais importantes. Em 1996, a economia continuava a crescer e não havia sinal de transtorno internacional iminente. Nunca imaginamos a quantidade e a gravidade dos desafios que a United enfrentaria nos anos seguintes, nem quantas lições significativas aprenderíamos sobre a importância de lutar pela voz de uma marca durante um momento de crise.

Desculpas Necessárias

No verão de 2000, apenas quatro anos depois de ganharmos a conta, tanto a United quanto o setor se encontravam em um novo clima de negócios. Os custos de mão-de-obra e de combustível, além do sistema de aposentadoria das companhias aéreas, pressionavam todas as companhias nacionais estabelecidas. Para piorar as coisas para a United, seus pilotos entraram em uma disputa trabalhista. Eles não estavam em greve, mas se recusavam publicamente a cumprir horas extras. Como resultado, a United teve um número sem precedente de atrasos e cancelamentos de vôo. Os aeroportos se transformaram em acampamentos. Os consumidores perderam a paciência. Os balcões de atendimento ao cliente ficaram lotados de filas de passageiros irritados.

A United virou o bode expiatório dos problemas do setor. Sem levar em conta anos de desregulamentação, as autoridades do governo estavam exagerando. Manifestavam sua decepção com a United e prometiam nova legislação, para evitar contratempos semelhantes no futuro. Os pilotos, insatisfeitos com a empresa, expressaram suas frustrações em um programa de televisão. Resumindo, foi um tremendo pesadelo para as relações públicas e o negócio.

Durante uma crise como essa, o instinto do profissional de marketing é continuar a campanha como se nada estivesse acontecendo, ou ficar em silêncio até que a normalidade volte. Nesse caso, embora a empresa estivesse enfrentando mil obstáculos, achamos que sua propaganda poderia ajudar. Apagando a linha entre publicidade e relações públicas, recomendamos um radical conceito de propaganda: desculpas.

Da cabine de um avião da United, seu presidente Jim Goodwin enfrentou a câmera e gravou um anúncio pedindo desculpas aos clientes da United:

> *"Olá, sou Jim Goodwin, presidente da United Airlines.*
>
> *"Neste verão, milhares de pessoas tiveram seus planos de viagem interrompidos por conta de problemas relativos à United Airlines. Se você foi uma delas, quero me desculpar pessoalmente em nome da empresa.*
>
> *Para resolver esse impasse, estamos reduzindo nosso programa de vôos, para que possamos cumprir todas as nossas promessas.*
>
> *A United, líder do setor aéreo, tem grandes planos pela frente. Mas não iremos a lugar nenhum antes de levarmos você ao seu destino."*

Esse discurso não tinha nada a ver com a antiga e alegre mensagem sobre céus amigos, mas era absolutamente necessário para resolver problemas na mídia e no caixa. O efeito foi positivo, embora temporário. O anúncio recebeu cobertura positiva em 200 noticiários. Mudanças de atitude, como a intenção de recompra, subiram 8%. Houve um salto de 12% na aceitação de "A United é minha primeira opção em companhia aérea". A empresa parou de despencar e até subiu um pouco. Houve um crescimento de 2% no transporte de carga, o que correspondia a um aumento de 11% nos rendimentos, por ser a primeira reação positiva.[2]

O Que Você Faz em uma Crise Nacional?

Então veio o 11 de setembro. A tragédia, que chocou o mundo e atingiu o setor de viagens aéreas em todo o planeta, envolveu duas aeronaves da United. A nação ficou chocada e, depois, pesarosa. (Como todos em Nova York, nossa agência estava confusa. Nosso escritório, em Nova York, ficava no vigésimo andar do edifício Woolworth, na Broadway, e nosso pessoal via, horrorizado, através das vidraças do escritório, as pessoas, no World Trade Center, saltando para a morte das torres em chamas. Nosso edifício foi condenado temporariamente, e as operações transferidas.)

A United nos deu uma incumbência imediata: recolher todas as propagandas e ajudar a empresa a imaginar como deveria reagir. Foi um momento difícil. Nossa tarefa era ser anunciante da United, mas propaganda era a última coisa que poderia nos ocorrer. A idéia de criar um anúncio que respondesse a essa tragédia parecia inadequada, mas tínhamos de fazer alguma coisa, mesmo que, como o restante do país, nos sentíssemos paralisados.

Todos os aviões estavam em terra, e ninguém tinha certeza de quando voltariam a voar. Apesar do bombardeio de mensagens governamentais e da cobertura da mídia mostrando pessoas presas em aeroportos, ainda não sabíamos ao certo o que a United deveria dizer ao público. Então, nossos profissionais responsáveis pela conta decidiram conversar com o pessoal da United. Não com os dirigentes, mas com os funcionários do atendimento ao público.

Eles foram ao aeroporto de Minneapolis, com o único objetivo de ouvir. O que descobriram foi um incrível sentimento de solidariedade. Os funcionários da United — os mesmos que haviam acabado de enfrentar uma disputa trabalhista — estavam agindo como uma grande família. Todos queriam, apaixonada e patrioticamente, fazer a companhia voltar a voar o mais rápido possível. A mensagem que queriam transmitir para todo o país era que estavam determinados a fazer a United retomar suas atividades assim que possível, transportando as pessoas onde elas precisassem ir.

Inspirados pela noção de dever e pela lealdade demonstrada pelos funcionários, os líderes de nossa equipe voltaram ao escritório e escreveram um *brief* que foi distribuído para várias equipes na sexta-feira à tarde, dia 14 de setembro. O ponto fundamental do *brief* dizia que a união dos funcionários era um momento que merecia ser captado. Para realizar sua missão de restabelecer a normalidade, os funcionários da United precisavam partilhar seus sentimentos com os clientes e com o restante dos Estados Unidos.

Na manhã seguinte, sábado, um de nossos melhores redatores enviou sua resposta ao *brief*, por fax. Quando lemos seu texto, ficamos arrepiados. Nós nos pegamos acenando a cabeça em concordância total com o sentimento dele — não como profissionais de marketing, mas como cidadãos.

A propaganda foi ao ar para todo o país no dia 21 de setembro de 2001. Criar esse anúncio foi muito importante para nossa agência. Aprendemos a assumir a crise de um cliente como nossa, e confirmamos nossa crença na importância de ouvir. A reação positiva dos clientes e dos funcionários nos mostrou que acertamos.

Um Clima Ainda Pior Pela Frente

Em 9 de dezembro de 2002, a United entrou com pedido de proteção à falência. Agora, estávamos lidando com as conseqüências de 11 de setembro e os efeitos sistêmicos da tragédia no setor aéreo. É desnecessário dizer que o estigma de uma possível falência criou um conjunto especial de problemas de comunicação para a United.

Nossa primeira providência foi informar a todos que tinham algum vínculo com a empresa, que o empreendimento estava vivo e competindo. Em segundo lugar, precisávamos demonstrar que a empresa ainda tinha um propósito e merecia confiança. Enquanto a direção lutava com questões operacionais prementes,

Segunda-feira, 10 de setembro.

Na segunda-feira, o sifão da minha pia rachou enquanto precisei correr à porta, e achei que a vida estava sendo injusta comigo.

Segunda-feira, quando se perguntava às pessoas como elas estavam, sem pensar muito ou sem prestar muita atenção, respondiam: "bem" ou "está tudo bem".

Segunda-feira, os jornais e as revistas estavam repletos de artigos sobre a nova programação de outono da TV.

Segunda-feira, não havia tantas pessoas na seção de religião na livraria.

Segunda-feira, a bandeira americana estava hasteada em edifícios e escolas públicos, na maioria das vezes, sem ser notada.

Segunda-feira, passávamos por estranhos sem nos preocuparmos muito com isso.

Terça-feira, 11 de setembro, tudo mudou.

Terça-feira, 11 de setembro, coisas diferentes pareciam importantes.

Terça-feira, 11 de setembro, a bendita ingenuidade se perdeu. A santidade foi cruelmente abalada.

Terça-feira, 11 de setembro, alguém tentou destruir os Estados Unidos.

Terça-feira, 11 de setembro, os Estados Unidos se uniram.

Terça-feira, não havia republicanos, democratas, *yuppies*, operários ou qualquer outro rótulo. Só havia americanos.

Terça-feira, 11 de setembro, estranhos morreram uns pelos outros.

Terça-feira, 11 de setembro, o melhor do espírito humano se refletiu nos olhos do pior.

Terça-feira, 11 de setembro, os Estados Unidos foram derrubados de joelhos.

Terça-feira, 11 de setembro, os Estados Unidos levantaram-se de novo.

Gostaríamos de expressar nosso reconhecimento aos profissionais do resgate, ao pessoal médico e aos cidadãos extraordinários deste país por sua bravura e solidariedade. Seus atos de heroísmo e compaixão tocaram nossos corações. Gostaríamos também de agradecer a nossos funcionários por seu profissionalismo após a horrível tragédia da última semana. Nós nos juntamos ao seu pesar, assim como nos juntamos à sua força.

UNITED

Propaganda de página inteira de jornal da United Airlines, 21 de setembro de 2001. Essa foi uma das propagandas mais difíceis que tivemos de escrever. O redator inspirou-se ouvindo os funcionários da United, que precisavam dividir seus sentimentos com os clientes e com o restante do país. Uma versão dessa propaganda, que vai do teto até o chão, está pendurada do lado de fora da sala de conferência.

nossa esperança era criar sólidas comunicações de marketing que estabelecessem o tom para a recuperação.

Glenn Tilton, novo CEO da United, começou a trabalhar. Em maio de 2003, Tilton admitiu o vice-presidente executivo de marketing, John Tague, um homem de 41 anos que confessou sentir "inveja da marca" United, quando era CEO da ATA. Uma das primeiras decisões de Tague foi nos dizer que estava de olho: se nosso trabalho não gerasse receita, ele procuraria uma nova agência.

Entendemos a urgência. As pessoas estavam voando novamente, mas a má notícia era que não estavam usando as companhias tradicionais — United, Delta, Northwest Airlines, American Airlines e US Airways. Em 2003, as empresas aéreas mais novas, de baixo custo, já tinham captado 20% do mercado.[3] Levaria mais de dois anos para que o número de passageiros voltasse ao patamar anterior a 11 de setembro.

No verão de 2003, lançamos três promoções de varejo bastante agressivas, no maior esforço para alavancar as vendas da United e criar entusiasmo. O lado positivo dessas iniciativas é que você tem um *feedback* instantâneo na caixa registradora. As três promoções acrescentaram 1 bilhão de dólares aos cofres da empresa, que estava em dificuldades.[4] Porém, eram ganhos insustentáveis, com pequena margem de lucro — estávamos vendendo lugares com desconto. Para revigorar a marca, precisaríamos usar a alavancagem criativa.

Infelizmente, a posição da United em relação à reestruturação financeira* deixou a empresa com pouco dinheiro para realizar aprimoramentos palpáveis ou melhorias no produto. Além disso, como aconteceu com todas as outras empresas aéreas importantes, a United foi completamente comoditizada. A esse respeito, a Roper, uma empresa de pesquisa, descobriu que cada vez mais as pessoas percebiam a diferença entre gastar com um plano de telefonia celular e gastar com as companhias aéreas.[5] O programa de cliente assíduo da United foi seu diferencial mais positivo.[6] Contudo, o programa era mais uma ferramenta do que uma arma defensiva. Mantinha os clientes habituais, mas não atraía novos clientes. Nem tinha a ressonância emocional que estávamos procurando. Com o *status* de

---

* No original, o autor faz referência ao Capítulo 11 da Lei da Reforma da Falência, de 1978, em vigor nos EUA. (N. de T.)

commodity, e sem dinheiro para renovações significativas, a United precisava que fizéssemos da voz de sua marca o seu diferencial.

Voltamos aos executivos que viajam com freqüência. Assim como o Citibank buscou identificação com aqueles que procuram equilíbrio financeiro, a United teve de se voltar para as aspirações dos FBTs. No entanto, ao contrário do Citibank, cujo público-alvo era 46% de todos os clientes do banco, a United precisava atingir apenas 9% de seus clientes. Era um segmento de mercado menor, mais sofisticado — cidadãos do mundo, que voavam cem mil ou mais milhas por ano. Precisávamos de uma visão refinada para sensibilizar esse tipo de cliente.

Desde 1996, aprendemos uma ou duas coisas sobre os FBTs, além do fato de que representavam 48% da receita. Eles trabalhavam excessivamente. O sucesso e suas armadilhas eram muito importantes para eles. E os FBTs não eram movidos apenas pelo preço. Eles tinham mais consciência de marca do que a maioria.

Quando os participantes do público-alvo têm consciência de marca, sempre buscam aquelas que reflitam seus valores. Sabíamos que os FBTs queriam muito ser reconhecidos pelos seus esforços e desejavam ser vistos como heróis dos tempos modernos, defensores do capitalismo. O *branding* da United tinha de deixar claro que a empresa era uma parte essencial da vida de pessoas que estão a caminho do sucesso, e que a organização entendia claramente a energia, o impulso e o sacrifício que elas empregavam para vencer.

Identificar-se com o perfil dos FBTs era fácil, mas identificar-se *com* eles exigiria muita habilidade. Uma das melhores formas de descobrir algo absolutamente novo é fazer um levantamento dos clichês de uma categoria. Começamos examinando o trabalho que havia sido feito — aviões reluzentes, taxiando ou atravessando as nuvens, comissárias de bordo simpáticas e com uma aparência melhor do que qualquer uma que você já tenha visto em duas décadas, trânsito fácil do estacionamento até o portão de embarque, sorrisos felizes de passageiros reclinados em seus assentos macios (o que não é característico) — e jogamos tudo fora.

Então, um pouco de mágica. Tínhamos dois seniores na equipe de criação — um diretor de arte de Green Bay, Wisconsin, apaixonado por animação, e um redator de Bombaim, Índia, talentoso músico. Juntos, eles imaginaram que a animação poderia funcionar acompanhando a *Rhapsody in Blue*, de Gershwin, um momento expressivo do passado da United Airlines, graças aos profissionais da Burnett que nos antecederam. Desta forma, nossos criadores chegaram a uma campanha, que desenvolvia o tema "It's Time to Fly", e sugeriram a produção de comerciais animados pelos mais talentosos artistas de animação do mundo.

Se você já viu curtas de animação em festivais, sabe que algumas pessoas já alcançaram níveis imensuráveis de habilidade. São artistas com muita imaginação e necessidade compulsiva de perfeição. Nossa idéia era fazer com que os animadores levassem nossas vinhetas sobre viagem a negócios a um patamar totalmente novo, separando radicalmente a United de seus concorrentes. Estávamos apostando que a pura qualidade artística do trabalho sensibilizaria os FBTs.

Por outro lado, não queríamos limitar nosso público apenas a executivos. Era importante que as famílias e os amigos dos FBTs vissem esses comerciais e partilhassem os mesmos sentimentos. Essa comunicação precisava ser um tributo a quem viajava freqüentemente a negócios, mas tinha de ser vista por todos que viviam ao seu redor.

Em uma sessão preliminar, antes da apresentação final a John Tague, a campanha foi considerada um lixo, e alguém sugeriu que a deixássemos em casa. Já havíamos passado por situação semelhante. Uma vez, depois de várias tentativas para que o vice-presidente de marketing da U.S. West, John Felt, aprovasse nosso anúncio. Ele nos disse que nunca mais queria ver aquele conceito. Nós emolduramos o anúncio, enviamos a ele, e pedimos que o pendurasse no escritório e observasse o comentário das pessoas. Duas semanas depois, ele telefonou: "Vocês ganharam — podem produzir o trabalho". A propaganda foi ao ar durante dois anos, e nós a transformamos em pôster para os clientes da empresa.

Para a United, prometemos trabalhar mais, esfregar o chão do banheiro, e até fingíamos ser fãs do Chicago Bears — contanto que "It's Time to Fly" fosse uma das seis opções de campanha apresentadas a Tague. Nossa autoflagelação compensou. Os executivos da United se entusiasmaram com a proposta. Tague percebeu o conteúdo emocional da mensagem e ficou satisfeito de ver algo radicalmente diferente de tudo que já havia sido feito na categoria e em setores afins. Também gostou da natureza convidativa de "It's Time to Fly". E o mais importante: encaixava-se com o *insight* sobre os FBTs. Tague declarou que a idéia estava arraigada nas contribuições desenvolvidas a partir dos diálogos da United com seus clientes mais fiéis.

Tague era um daqueles clientes que acreditam no trabalho pesado de pesquisa de marketing, antes da execução. Muitos clientes gostam de testar a propaganda, depois que ela é produzida. Nós achamos melhor investir em estratégias de comunicação, fazer as perguntas difíceis da pesquisa, antes que a propaganda seja produzida, para não prejudicar sua execução.

"Isso não parece arriscado", disse ele. "Parece certo."[7]

It's Time to Fly

Chamamos animadores do mundo todo, que haviam sido indicados recentemente para a Academy Awards. Estávamos procurando animadores de categoria internacional, mas que também fossem contadores de história extraordinários.

Escolhemos um da Rússia, um da Inglaterra, outro da Holanda e um grupo do Canadá. Seus estilos e técnicas contrastavam bem. A equipe de criação da Fallon desenvolveu as narrativas para os comerciais, enviou os textos — sem nenhuma ilustração — aos candidatos e perguntou qual história cada um gostaria de realizar com estilo próprio.

Geralmente, quando fazemos algo diferente, buscamos parceiros que possuam as habilidades que nos faltam — são especialistas com quem ainda não trabalhamos. Isso exige uma forma aberta de colaboração. Podemos ser fanáticos por controle, mas já aprendemos uma lição: quando você se alia a pessoas talentosas, que chegam de fora, a arte da colaboração requer que você abra mão do controle. Pessoas especiais o levarão a um nível muito mais elevado, se você não tentar gerenciá-las.

Em uma vinheta chamada "Interview", vemos um jovem preparando-se para uma entrevista de emprego em uma cidade distante. A história é simples: trata-se de um executivo receoso de estragar sua grande chance porque só na última hora ele percebe que está com um sapato preto e outro marrom. Não há diálogo, somente imagens quase fotográficas, singelas. E a música de Gershwin, cuja execução capta a comoção diária provocada pelas vitórias e derrotas da vida profissional.

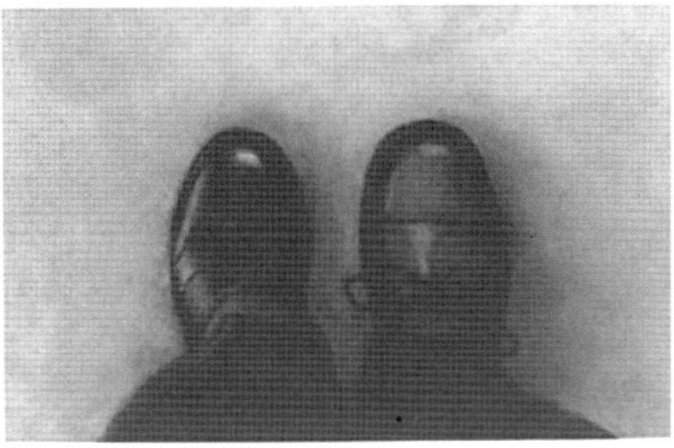

Comercial da United Airlines para TV, "Interview", 2005. Este comercial não tem diálogo. A história é bem contada com figuras e a famosa música de Gershwin. Vemos um homem lutando para conseguir uma importante entrevista de emprego em uma cidade distante. Ao entrar na sala ele percebe, para sua surpresa, que está usando um sapato marrom e outro preto. De algum modo ele faz a entrevista, apesar de temer que seu erro de indumentária o tenha prejudicado. De volta às ruas, ele recebe uma chamada no celular. Vemos, por sua euforia, que ele conseguiu o emprego. Ele voa para casa alegre como um guerreiro vencedor.

Todos nós já cometemos pequenas gafes quando nos vestimos para ir a uma reunião importante. O que torna esse comercial cativante é que a história é bem contada sem que uma única palavra seja dita. Para esses comerciais, os músicos da Filarmônica de São Francisco gravaram uma versão especialmente adaptada de *Rhapsody in Blue*, para a animação. Você pode ver este comercial em www.juicingtheorange.com. Clique em "*See the Work*".

Em outra passagem, comissários de bordo sorriem ao notar que um passageiro executivo está protegendo cuidadosamente uma rosa de cabo longo em sua pasta. Já que ele passa o dia todo em reuniões, fica fácil imaginar o porquê daquela rosa. Acontece que sua mãe mora na cidade que ele vai visitar. No fim do dia agitado, ele pára de táxi na frente da casa dela. O anúncio foi lançado no Dia das Mães.

Um único frame do anúncio de TV "Rose". Há grandeza na animação que transcende a história de um homem que encontra tempo, durante uma viagem a negócios, para visitar sua mãe. Toda célula pintada a mão é um trabalho de arte.

Sabíamos que aquela animação podia contar uma história e evocar emoções de uma forma que não funcionaria com atores. As vinhetas poderiam parecer tolas, mas Gershwin (arranjos especiais de *Rhapsody in Blue* pelos integrantes da Filarmônica de San Francisco) e a qualidade artística do trabalho dos animadores nos permitiram ser mais claramente emocionais.

Quando apresentamos pela primeira vez a campanha, nossos clientes perceberam seu potencial. Então, eles nos desafiaram a provar que "It's Time to Fly" poderia ser espalhado por toda a organização. Nossa equipe procurou estender

Outdoor "IT's Time to Fly". Para corresponder à sofisticação da campanha animada, a equipe usou a arte original da capa **The New Yorker** para anúncios impressos e de **outdoor**.

esses temas e sentimentos a cada ponto de contato com os clientes. Afixamos cartazes enormes no aeroporto de O'Hare e nas laterais dos edifícios do centro de Chicago. As ilustrações foram impressas em todas as malas diretas da United. Os comissários de bordo diziam "It's Time to Fly" em suas instruções durante os vôos. O vídeo, exibido durante as viagens, incluía um minidocumentário sobre cada um dos animadores. Nos meses que se seguiram ao lançamento da campanha, a Fallon trabalhou os padrões de comunicação da United para adaptar o visual e o sentimento da campanha a centenas de formas de comunicação.

Em 29 de fevereiro de 2004, a campanha pousou no evento certo — o Academy Awards. A reação positiva foi imediata. Para uma categoria de propaganda quase invisível, o resultado surpreendeu. As pessoas começaram a reagir escrevendo e-mails e cartas para cumprimentar a United por seus comerciais — uma prova incontestável de que havíamos atingido um tom emocional. (Reunimos rapidamente 87 dessas mensagens de amor em um livro para os funcionários da United, de modo que pudessem sentir o amor — esperávamos motivá-los ainda mais.)

There are people who shoulda, coulda, woulda.
And there are people who are glad they did.
UNITED
It's time to fly.
A STAR ALLIANCE MEMBER

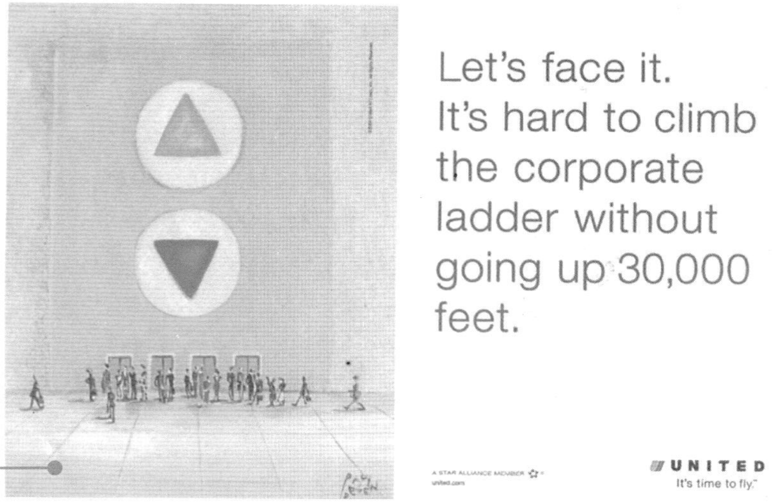
Let's face it.
It's hard to climb
the corporate
ladder without
going up 30,000
feet.
UNITED
It's time to fly.

Propagandas impressas da campanha "It's Time to Fly" da United Airlines. Como você alcança na impressão a mesma elegância da animação dos comerciais de TV da United? A intenção era fazer essas propagandas se parecerem às melhores capas do *New Yorker*. Mas neste meio, tínhamos de ser diretos e mostrar que a United era uma parte importante das vidas e aspirações de seus melhores clientes.

You didn't get where you are by finding the most comfortable spot in the office.
A STAR ALLIANCE MEMBER
united.com
UNITED
It's time to fly.

Business is a series of battles. We make the chariots.
A STAR ALLIANCE MEMBER
united.com
UNITED
It's time to fly.

Uma execução brilhante, mas sem estratégia, é irrelevante. Uma estratégia brilhante, sem execução, é invisível. Se você está com ambas, na medida certa, tem a chance de conseguir um bom retorno do que investiu em marketing.

Encontrando Equilíbrio entre Consistência Global e Empatia Local

Fora dos Estados Unidos, a United Airlines se sente em uma corda bamba estratégica. De um lado, quer ser uma marca global. De outro, precisa fazer com que as pessoas de diferentes culturas sintam que ela é uma companhia aérea que as entende. Para a United, isso significa duas coisas: um olhar cheio de sentimento pela marca, e um compromisso absoluto de ligar-se a clientes locais (assíduos passageiros a negócios) em condições próprias.

Nos Estados Unidos — onde há um estilo de trabalho em que se viaja muito — a United pode dizer: "Os negócios são uma batalha, mas nós fornecemos as carruagens." Por outro lado, na Europa, as pessoas se orgulham de equilibrar melhor o trabalho e a vida, e são fortemente inclinadas ao trabalho local. Lá o tom é mais compreensivo e persuasivo em relação ao passageiro relutante.

Para nós, a tendência emergente de criar propagandas que possam ser veiculadas em vários mercados no mundo não é uma boa idéia. Diretores financeiros internacionais examinam o custo de produção em cada país e pedem uma propaganda que funcione no mundo todo. Boa sorte. Por definição, ela tem de ser efetiva sem alavancar a cultura de seu público. Não importa se você reduziu o orçamento de produção fazendo um comercial culturalmente desafiador. Na verdade, você praticamente não deu chance para que sua mensagem amplie seu investimento em mídia, encontrando uma forma de entrar na mídia local, na Internet, ou na vida diária de seu cliente potencial.

Estratégias globais devem ser executadas localmente. Não se deixe convencer por exceções famosas a essa regra. Elas continuam sendo exceções. Muitas são acidentais. A execução original foi local, mas tão humana que viajou bem.

Como as empresas aéreas são dirigidas operacionalmente, é difícil separar o impacto dessa campanha das outras iniciativas tomadas pela United para recu-

Campanha impressa da United Airlines na Europa. Quando levamos "It's Time to Fly" para a Europa, alteramos o tom emocional da campanha para ela se alinhar às atitudes européias em relação ao trabalho e à vida.

perar os negócios. Por exemplo, a força de vendas montou uma campanha para ganhar contratos comerciais. A United também teve sucesso com programas de descontos e promoções. Mesmo com essa ressalva, temos evidências contundentes de que afetamos o comportamento do mercado.

A lembrança espontânea de uma propaganda — onde, sem estimulação, os entrevistados conseguem descrever o comercial de uma marca — é uma das primeiras medidas disponíveis para uma nova campanha. No primeiro mês, depois que "It's Time to Fly" foi lançada, a consciência top-of-mind aumentou de 9% para 25%, a mais alta de qualquer linha aérea na época.[8]

É claro que a lembrança da propaganda tem suas limitações como medida de sucesso de marketing. Se você for completamente esquecido, isso significa que você perdeu. Mas se você for apenas lembrado, isso significa simplesmente que os consumidores o deixaram passar pela primeira linha de defesa. Você ainda está longe da autêntica alavancagem criativa.

Preferimos usar como medida o aumento na preferência. Nesse caso, os números foram significativos. A classificação da United como "companhia aérea preferida" pelos viajantes a negócios subiu de 9% para 20%.[9] Apesar dos problemas financeiros e de uma frágil presença mundial, a United agora tinha um dos principais indicadores de vendas futuras.

Mas a United estava preenchendo todos os lugares? No ramo de viagens aéreas, há duas medidas cruciais para o negócio. A primeira diz respeito à taxa de ocupação (*load factor*), a relação entre os assentos pagos e os disponíveis. A segunda medida fundamental é a receita, por assento, de milha voada (RASM, do inglês *revenue per available seat mile*). A taxa de ocupação lhe diz a porcentagem de clientes pagantes, e a RASM lhe diz se eles estão pagando tarifas altas ou com desconto.[10] A distância percorrida é outra variável nessa fórmula, mas, uma vez que as rotas e os horários de vôos são razoavelmente constantes, rendimentos mais altos significam mais viajantes a negócios.

Em março de 2004, os serviços de carga subiram 9,4% e continuaram a subir nos meses seguintes. Os rendimentos aumentaram no primeiro e no segundo trimestres, e declinaram para os principais concorrentes. Todas as evidências indicavam que estávamos em plena recuperação.[11] Na primavera de 2006, quando este livro foi escrito, a United estava pronta para sair da falência. Esperamos ter feito nossa parte.

Obras de Arte

Como companhia aérea estabelecida, a United precisava concentrar-se nas operações. Lutar para sair da falência foi uma tarefa muito desgastante, e teria sido fácil resistir às tentações de ser criativo em marketing e procurar salvação no corte de custos e em outras ginásticas operacionais, para tornar a organização mais eficiente. Freqüentemente nos deparamos com essa situação, porque o negócio urgente de nossos clientes parece apontar para um distanciamento da criatividade como meio de afetar positivamente o resultado financeiro. Contudo, não foi o que aconteceu com a United. Eles nunca perderam de vista o fato de que não importava o quanto as coisas ficassem difíceis, precisavam engajar seus clientes em algo que fosse além de um simples preço de bilhete para Los Angeles. Encontramos uma forma de atrair seus clientes, descobrindo primeiro uma verdade emocional e empregando arte virtual para dar vida a essa emoção. Mesmo em crise, a United encontrou um modo de manter seus melhores clientes, e o esforço compensou.

Capítulo Quatro

Estabelecendo e Alavancando a Vantagem da Categoria

Posso não ser um atuário, mas me hospedei no Holiday Inn Express na noite passada.

— *Candidato a presidente, Al Gore – outubro de 2000*

Nos Estados Unidos, dois milhões e meio de viajantes se hospedarão esta noite em um hotel. Tendo de manter os custos baixos, um grande número deles vai se registrar em um desses hotéis de categoria econômica, que ficaram famosos por conta do Courtyard by Marriott e do Hampton Inn, líderes do segmento. Esses hotéis, com "café da manhã gratuito", que tiveram uma explosão de popularidade nos anos 90, oferecem acomodações simples e limpas, e uma possibilidade razoável de uma boa noite de sono por mais ou menos 80 dólares a diária, sem nenhum extra, pois recebem viajantes com orçamentos apertados, que não têm interesse em supérfluos.

Em 1997, o Holiday Inn decidiu competir com os hotéis de categoria econômica. A empresa estabeleceu objetivos, definiu orçamentos e selecionou uma equipe de marketing para lançar a nova rede. (Nós já trabalhávamos para eles.

Inicialmente, o Holiday Inn queria contratar outra agência para cuidar desse segmento, mas acabamos convencendo os executivos da empresa de que seria melhor consolidar tudo em uma única agência, que já conhecia o território). O nome da nova rede seria totalmente diferente da marca Holiday Inn. Seus hotéis estariam disponíveis para os viajantes com orçamento justo, mas a nova marca teria um pouco de estilo e elegância. Na recepção deveria haver sempre maçãs frescas, e não faltaria garrafas de água nos quartos, como cortesia, para definir o propósito da marca — saúde e bem-estar. Você se sentiria renovado ao se hospedar lá.

Esses eram seus mais novos atributos. E a idéia de sentir-se renovado poderia tornar-se física e conceitualmente diferente da imagem transmitida pelos hotéis Holiday Inn, de aparência mais antiga e ambiente familiar. Nossa equipe estava ocupada, criando conceitos para os anúncios sobre o tema "sentir-se renovado", quando nos ligaram pedindo para parar. Os investidores não estavam dispostos a desistir da associação com o nome Holiday Inn. Todo o conceito, então, estava liquidado.

Bem-vindos ao Holiday Inn Express. O nome, atribuído pela diretoria, era ao mesmo tempo uma bênção e uma maldição. Submarcas e extensões de linha são um negócio complicado. Uma extensão de linha pode dar a uma nova subsidiária algum valor, pelo reconhecimento do nome e pela credibilidade, mas é sempre à custa de sua expressão como marca. Com o Holiday Inn Express tínhamos de fazer duas coisas: encontrar um lugar para a marca em uma categoria já estabelecida e ao mesmo tempo deixar claro para os clientes que se tratava de uma oferta completamente diferente da marca original. Um dos elementos complicadores era o fato de o Holiday Inn ter aparecido com atraso, em relação aos hotéis de categoria econômica. Os líderes do segmento, Courtyard by Marriott e Hampton Inn, foram inaugurados em 1983 e em 1984, respectivamente. Nós tínhamos um orçamento menor que todos os outros da mesma categoria — na verdade, menos da metade do orçamento de nosso maior concorrente. Não tínhamos outra escolha senão superar pela inteligência, e não pelos gastos.

Não São Permitidos Viajantes Exigentes

Como ponto de partida, tínhamos um mercado-alvo consideravelmente amplo, pois muitas pessoas preferem hospedar-se nesses hotéis de categoria econômica, de preço médio. Mas essa não era uma repetição da situação do Citibank. Primeiramente, não estávamos trabalhando com a marca principal, e sim com uma submarca. Esse fato exigia que o trabalho fosse mais tático. Nós também precisávamos ter certeza de que a nova marca não invadiria a marca principal para canibalizar suas vendas. Nosso público-alvo precisava ser realmente segmentado.

Aprendemos, ao longo dos anos, que o segmento de mercado que mais importa nem sempre é aquele que domina, em termos de receita, como foi o caso da United Airlines. Nem o mais importante tem de ser o maior. (Como você verá no *case* da Lee Jeans, o segmento crítico pode ser o influenciador: uma pequena fração do público, cujo comportamento em relação à marca conduz o restante do mercado.)

No caso do Holiday Inn Express, deveríamos entrar em contato com os verdadeiros guerreiros da estrada: pessoas com negócios independentes que normalmente viajam com dinheiro próprio ou com uma pequena verba diária. Eles provavelmente não canibalizariam o espaço dos turistas do Holiday Inn e se tornariam clientes regulares. Poderiam facilmente acumular uma centena de pernoites por ano.

O próximo passo seria ouvir essas pessoas e saber como viam a iniciativa e como se sentiam em relação à categoria. Existiria algum solo fértil que os concorrentes ainda não haviam reivindicado? Formamos dez grupos de discussão em três regiões do país e convidamos somente o público que nos interessava. Assim como no caso do Citibank, a idéia era simplesmente pesquisar, observar a energia dessas pessoas e tentar comprovar que elas eram um bom mercado.

Nosso público-alvo era composto por indivíduos engraçados, interessantes, sociáveis, que adoravam contar histórias de viagens. Não estavam completamente insatisfeitos com as ofertas dos concorrentes, mas achavam que nenhuma marca se interessava em atraí-los. Foi quando percebemos que estávamos farejando uma idéia que poderia ser ótima. Quando um segmento influente sente que não tem a devida atenção, abre as portas para uma comunicação de marketing efetiva.

Parecia também que era uma boa hora para fazermos uma pesquisa de campo. Como dissemos antes, um grupo de discussão pode ser uma ferramenta útil nas circunstâncias certas, mas, em termos ideais, você tem de sair do escritório, conviver com o mercado-alvo e observá-lo de perto e pessoalmente. Para entendermos melhor a vida dos guerreiros da estrada, precisávamos ver o mundo pela ótica deles.

Por essa razão, fomos viajar com eles. Gravamos imagens de seu dia-a-dia, enquanto eles atravessavam o país. Conversamos sobre seu trabalho, sua família e suas experiências diárias. Um de nossos profissionais pegou a Highway 70 com um cara que parecia o personagem interpretado por John Candy no filme *Planes, Trains and Automobiles.* Ele via os negócios e o cotidiano duro na estrada da mesma e única forma que era apresentada no filme. Ele disse que reservas são para "viajantes cheios de frescura".

O mundo dos roupões de banho macios que ninguém usa e dos carregadores de malas era abominável para esse grupo de viajantes. Deixamos de chamá-los de guerreiros da estrada e passamos a nos referir a eles como estradeiros, por causa de seu hábito de trabalhar e viajar um número excessivo de horas, e depois procurar uma acomodação à noite, geralmente na última hora. Eles se deslocavam por toda parte, tendo um território imenso para cobrir. Muitos eram donos de novos empreendimentos e controlavam atentamente seus custos. Porém, o que eles mais queriam controlar era o seu ambiente — viajar do modo que achavam melhor. Desejavam o básico, e nenhuma extravagância. Afinal, quem precisaria de um carregador com sotaque britânico na quinta à noite, no interior do país?

Assim como na United, começou a aparecer um perfil psicológico. Os estradeiros queriam respeito, da mesma forma que os assíduos passageiros da United. O tom emocional dos desejos diferia, mas apenas porque os estradeiros eram de classe média. Eles não teriam reagido à magnificência de "It´s Time to Fly". Tinham sonhos e aspirações, mas o trabalho em si já era a recompensa emocional. Eles trabalhavam muito e de forma inteligente, o que lhes dava o passaporte para o sucesso.

Nossa pesquisa mostrou que os estradeiros buscavam mais do que uma boa noite de descanso, quando pernoitavam em um hotel de categoria econômica. Estava ali uma recompensa emocional. Esses viajantes experientes optavam sabiamente apenas pelo necessário, recusando o supérfluo, e sentiam-se inteligentes por terem feito uma escolha prática. Eles disseram que esse sentimento ia muito além das transações comerciais. Essa afirmação mostrou que uma escolha inteligente tinha um valor emocional mais alto do que o mero prazer de simplesmente realizar um bom negócio.

Nossa equipe começou a considerar que era preciso elogiar a sabedoria pragmática dos estradeiros. Mas isso teria de reforçar a proposta do valor racional da categoria econômica. Uma mensagem sobre inteligência, passada de um modo inovador, provavelmente nos permitiria estabelecer estrategicamente o Holiday Inn Express no segmento. Em outras palavras, poderíamos transformar o barato em algo mais do que simplesmente uma pechincha —, ou seja, um negócio interessante.

Ironicamente, não havia nada de original nisso. Se o Marriott ou o Hampton reivindicassem o mesmo território, não poderíamos fazer nada para impedi-los. Um rápido estudo dos anúncios da categoria revelou que, felizmente, os concorrentes se concentravam quase que exclusivamente em atrativos. Seus anúncios enfatizavam fotos de edifícios que proporcionavam uma bela paisagem, e o texto prometia gratuitamente o jornal preferido e um café da manhã melhor do que o dos concorrentes. Se pudéssemos criar uma personalidade inteligente, que destacasse a marca, tanto dos concorrentes quanto do Holiday Inn, então teríamos emoção para a categoria inteira.

Não, Mas eu Me Hospedei no Holiday Inn Express na Noite Passada

Em alguns encontros muito difíceis, realizados em Atlanta, não conseguimos chegar a algo substancial sobre o tema. Tivemos a idéia geral, mas não estávamos conseguindo simplificar sua execução. Enquanto isso, a paciência do cliente estava acabando. Certa noite, no entanto, o experiente redator que lutava para resolver esse problema caminhava pelo subúrbio de Minneapolis, quando "Stay Smart" (Fique Esperto) surgiu em sua cabeça. Os melhores temas surgem de forma tão natural que é difícil acreditar que não foram as primeiras idéias a aparecer.

Seguimos para Atlanta com várias campanhas construídas a partir de "Stay Smart". Nossa favorita apresentava uma pessoa que, ao lidar com uma emergência, havia se saído muito bem. Então, ela dizia que não era especialista, mas na noite anterior havia se hospedado em um Holiday Inn Express.

No primeiro comercial, filmado em um parque nacional, um grupo de turistas observa uma mulher que se vê diante de um urso pardo, enquanto ninguém sabe o que fazer. Nosso herói aparece do nada, assume o controle da situação e dá instruções à mulher para se livrar do urso e fugir. "Você é o guarda do parque?", alguém pergunta. A resposta, em todos os comerciais, é exatamente a mesma: "Não, mas eu me hospedei no Holiday Inn Express na noite passada". Trabalhamos com o inesperado e com o humor.

Sabíamos, pela experiência de nossos encontros pessoais, que os estradeiros se identificariam positivamente com nosso herói sensato e destemido. O presidente do Holiday Inn Express, John Sweetwood, e o diretor de marketing, Tom Seddon, também gostaram da abordagem. Eles imaginaram a reação do público-alvo à marca e elogiaram o modo como levamos um senso de humor absurdo para uma categoria que normalmente era tratada de forma séria. Os executivos nos deram sinal verde, apesar da falha óbvia, do ponto de vista de um franqueado: o comercial nunca mostrava o prédio, os quartos, nem a equipe sorridente e prestativa de funcionários.

Com um pequeno orçamento de mídia nacional, e pelo fato de termos recomendado a televisão como meio básico de divulgação, nossos clientes tinham, mais uma vez, de confiar em nós. Prometemos que, se nos deixassem fazer comerciais provocativos e engraçados, eles teriam, em troca, um retorno adicional sobre seu investimento em propaganda. Seriam os comentários próximos ao bebedouro e as menções na imprensa. Na verdade, esperávamos poder fazer da campanha "Stay Smart" um acontecimento capaz de ir além da mídia paga, para se tornar a pepita de ouro da cultura popular.

Poucas propagandas encontram seu caminho na cultura popular. Quando isso acontece, os clientes contabilizam os mais altos retornos de seus investimentos. No final dos anos 80, por exemplo, convencemos a Timex de que o seu *slogan* "It takes a licking and keeps on ticking" (Ele toma uma pancada e continua funcionando) tinha um valor que ia além da promessa de durabilidade. Para a campanha de televisão, fizemos paródias, muito bem humoradas, de antigos

Vídeo: Urso rugindo

Homem: Este é o *Urus Octos*, senhora.
Urso pardo com mais ou menos 550 quilos. Experimente agir com confiança. Mostre seus dentes e rosne. Isso deve despertar os instintos de fuga do urso. Se não funcionar, vá para cima do urso e lhe dê um murro nas orelhas.

Mulher: O senhor é guarda florestal?

Homem: Não, mas me hospedei no Holiday Inn Express na noite passada.

Assinatura: Isto não o tornará mais esperto. Mas fará você se sentir mais esperto.

Holiday Inn Express, "Urso", 1998. Nós criamos mais de vinte comerciais, para o Holiday Inn Express, e estamos surpresos com essa campanha, que tem sido exibida há mais de sete anos. Você pode ver esse comercial em www.juicingtheorange.com. Clique em "See the Work".

comerciais. Um Timex fixado por uma cinta na barriga de um lutador de sumô resiste ao ataque do adversário. Uma soprano, durante uma ópera, alcança uma nota aguda que quebra todos os vidros, menos o que protege seu Timex. A lembrança gerada pela propaganda ultrapassou 30%, mas, o mais importante foi que a campanha gerou publicidade gratuita em citações no *Entertainment Tonight,* no *Oprah's Winfrey Show* e *Late Night* com *David Letterman,* e foram mencionados na revista *Times*. O valor calculado chegou a mais de meio milhão de dólares.

Esse relacionamento simbiótico entre as comunicações de marketing e a cultura popular é misterioso, mas sua descoberta é, às vezes, a chave para a alavancagem criativa. Nosso objetivo, como organização, é entender tão bem a cultura, que possamos usar suas palavras e nuanças para transcender mensagens óbvias de venda. Nem sempre percebemos os sinais de que alguma coisa pode "pegar". Você se lembra da voz grave e maravilhosa daquela senhora que dizia: "Onde está meu bife?" para o Wendy's, que se tornou parte da cultura popular, de discursos políticos e de brincadeiras maldosas no final dos anos 80? O anúncio não era nosso. Um ano antes, havíamos usado a mesma atriz, Clara Peller, em um comercial, mas dublamos sua voz porque a achamos muito estranha.

Desta vez, acreditávamos que a campanha do Holiday Inn Express pudesse ser um daqueles raros momentos de ligação com a cultura popular. Por quê? Quais eram os indícios? A primeira indicação estava dentro da agência. Nossas equipes de criação não protegem seus trabalhos. Ao contrário, mostram para os outros colegas de criação, em busca de *feedback*. A motivação que pode levar a um sinal de aprovação precisa ser alta, mas se não há comentários, entendemos que estamos indo muito bem. O segundo teste de fogo é quando os *storyboards* são encaminhados para aprovação da diretoria. Se os diretores se dispõem a mudar suas agendas e ficam mais à disposição, é outro bom sinal.

O indício mais revelador, nesse caso, só poderia ser dado pelos próprios estradeiros. Eles são sujeitos sociáveis, que repetem falas do *Saturday Night Live* ou do Especial de Chris Rock na HBO. Os comentários bem-humorados fazem parte de seu cotidiano. "Não, mas eu me hospedei no Holiday Inn Express na noite passada" era exatamente o tipo de *slogan* que eles poderiam assumir.

A próxima questão: como plantar a semente?

Anúncios de Televisão para Pessoas Que Nunca Estão em Casa

O orçamento nacional do Holiday Inn Express era tão pequeno que a compra da mídia teve de ter uma precisão cirúrgica. Aprendemos, por meio de nossas pesquisas de campo, que os estradeiros normalmente fazem seus planejamentos aos domingos ou às segundas. Isso também foi comprovado pelos relatórios de operações do Holiday Inn. Eram os dias de menor ocupação do hotel.

Assim, veiculamos os anúncios do Holiday Inn Express somente aos domingos e segundas, para que pudéssemos atingir nosso público-alvo em casa. Também colocamos os comerciais nos poucos canais a cabo nos quais eles disseram confiar: ESPN, CNN e Weather Channel. Isso significava que tínhamos a chance de ganhar o ambiente televisivo deles e de parecermos grandes anunciantes. (Nós sempre preferimos ter uma presença maior em poucos lugares do que ter uma pequena presença em muitos lugares. Quando iniciamos o que agora é a Fallon Worldwide, veiculamos um anúncio de uma página inteira no *Star-Tribune*, de Minneapolis, em vez de veicular quatro vezes um anúncio de um quarto de página. Nós parecíamos muito maiores e mais importantes que cinco pessoas compartilhando um escritório sem clientes.)

Como já esperávamos, a campanha pegou quase que imediatamente e se tornou uma referência no ambiente da cultura popular. "Não, mas eu me hospedei no Holiday Inn Express na noite passada" foi adotada rapidamente por personalidades que apresentavam programas ao vivo na ESPN, onde estávamos veiculando intensamente. Logo o *Chicago Tribune*, o *Washington Pos*t, David Letterman, NPR e os *cartoons* de editoriais acharam adequado usar nossa frase. E como "Cadê meu bife?", ela ainda fez a campanha presidencial estourar (dessa vez, cortesia de Al Gore).

De modo geral, a mídia paga é medida pelas impressões que causa: o número de pessoas que vê a mensagem, multiplicado pelo número de exposições. As referências não pagas que apareceram no conteúdo de programas ou jornais causaram mais de cem milhões de impressões. Se a cobertura da mídia popular é positiva e transmite a mensagem, nós a consideramos um forte indicador de que estamos gerando um alto valor de comunicação. Rapidamente, descobrimos que, se procurássemos no Google "Não, mas eu me hospedei no Holiday Inn na noite passada", teríamos centenas de referências. Na categoria de hotéis, o tema da marca Holiday Inn Express era o único que tinha alguma presença. Nossa marca estava sendo notada pelo público-alvo, e a melhor parte foi que nosso cliente não teve de pagar por toda a exposição.

À medida que a campanha evoluía, começamos a usar o *slogan* para caracterizar indivíduos que não eram somente espertos, mas que também haviam resolvido situações muito difíceis. Em um comercial de 2001, algumas pessoas que se hospedaram no Holiday Inn Express imitaram a banda de rock KISS, um dia após sua estadia. Em um comercial de 2002, Alex Trebek, apresentador do programa Jeopardy, se mostra cada vez mais perturbado por causa de um idiota que acerta todas as respostas. O concorrente finalmente admitiu que havia se hospedado no Holiday Inn Express na noite anterior.

Os profissionais de relações públicas não gostam de se referir à publicidade não comercial como mídia *não paga*. Eles preferem o termo mídia ganha. Nós concordamos. Esse é o ponto principal da alavancagem criativa. Ela ganha um caminho na cultura popular que vai muito além do investimento em mídia paga. O valor em dinheiro da cobertura da mídia popular pode ser calculado pela equivalência à exposição como merchandising em um programa. Uma simples menção na ESPN, por exemplo, teria o valor de um comercial de 30 segundos no mesmo programa. Reconhecendo isso, o Holiday Inn Express ganhou cobertura adicional no valor de mais de 1 milhão de dólares.

Não há nenhuma dúvida de que a campanha "Stay Smart" foi uma vencedora. A submarca Holiday Inn Express, que chegou tardiamente, agora lidera o setor. A lembrança de propaganda do Holiday Inn Express ultrapassa em mais do que o dobro qualquer comercial de outra rede da categoria. Ela subiu 27 pontos, enquanto a de seus concorrentes permanece estabilizada[1]. Ainda mais importante é a vantagem comercial que a campanha "Stay Smart" ofereceu ao nosso cliente. Fazendo um exame da imagem da marca, percebemos que o "preço bom" aparece como a menor vantagem. Esse impulso que foi dado à marca permite ao Holiday Inn Express operar na faixa mais alta de preços da categoria.

O resultado líquido, para o Holiday Inn Express, ficou traduzido em resultados financeiros. A medida da indústria hoteleira é seu faturamento por quarto

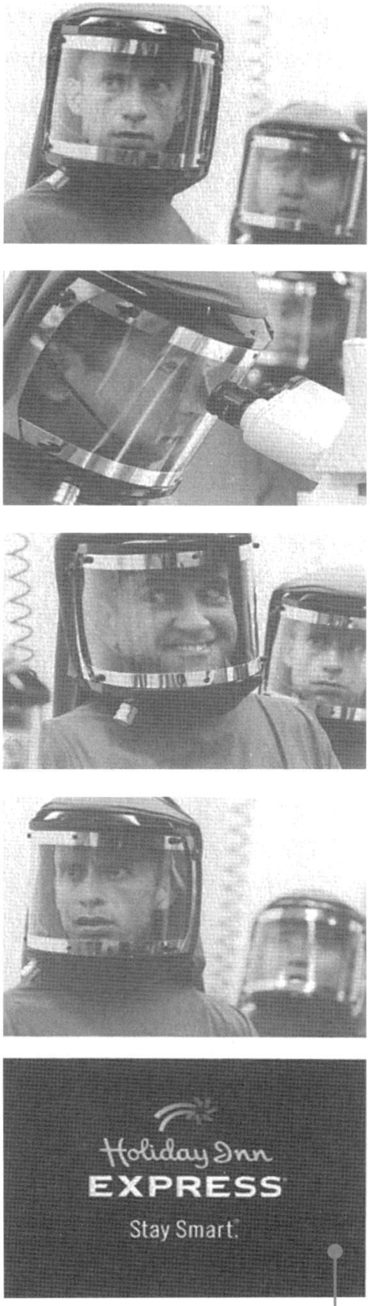

Vídeo: Abre numa pesquisa de laboratório. É extremamente branco e com uma aparência muito estéril. Vemos alguns cientistas de macacão. Um cientista dá instruções aos outros. A voz dele tem o som amplificado, necessário para falar através desses macacões. Ele está olhando em um microscópio.

Cientista 1: Esta é uma classe muito rara do vírus A5; ele produz o RNA, a mais letal das estruturas *stem-loop*.

Vídeo: Ao dizer isso, ele olha no microscópio e acidentalmente esbarra na ampola que continha o vírus. Ela cai no chão e se quebra. Corte para um *close* nos outros cientistas — eles mostram expressões de horror. Corte para um *close-up* do professor. Ele está muito calmo.

Cientista 1: Não se preocupem. Esta não é uma classe transmitida pelo ar.

Cientista 2: Com licença, há quanto tempo o senhor está estudando o vírus A5?

Cientista 1: Na verdade, eu não sou cientista (ele destaca a palavra cientista fazendo um gesto com as mãos protegidas por luvas), mas eu me hospedei no Holiday Inn Express na noite passada.

Vídeo: Um dos cientistas desmaia.

Corte para o enquadramento final e o logotipo.

Assinatura: Fique Esperto. Hospede-se em um Holiday Inn Express.

Holiday Inn Express, "A5 vírus, 2000". Esse conceito de criação era extremamente flexível. Tudo o que precisávamos era de uma situação de emergência em que surgisse nosso herói, com uma solução brilhante. Todo anúncio novo parecia inserir ainda mais o *slogan* na cultura popular. Você pode ver esse comercial em www.juicingtheorange.com. Clique em "See the Work".

disponível (RevPAR). O Holiday Inn Express está com crescimento de 15%, contra 9% de toda a categoria. (Quando a propaganda explodiu, em 1999, havia apenas 850 Holiday Inn Express nos Estados Unidos. Agora, são 1.350.[2] Hoje, com pouco esforço, é a cadeia de hotéis que mais cresce nesse segmento. O Holiday Inn Express está anos à frente da concorrência.

Em 2004, a *Brandweek* apresentou a seus leitores Jenifer Zeigler, vice-presidente sênior da gerência global de marca dos Hotéis e Resorts InterContinental, como uma das "profissionais de marketing da nova geração", por sua corajosa atuação à frente da marca.[3] Zeigler logo atribuiu à campanha "Stay Smart" uma grande e notável participação no sucesso do negócio. "Nós temos um modelo operacional sólido como uma rocha, e nossas franquias estão fazendo o ótimo trabalho de cumprir consistentemente a promessa da marca", disse ela. "Mas não se engane. O renome que temos e o impulso que ganhamos são devidos à campanha 'Stay Smart'. Essa é a vantagem que nossos concorrentes adorariam ter. A Fallon fez um excelente trabalho ao encontrar novas maneiras de manter tudo em andamento, mesmo quando precisávamos encontrar uma tática."[4]

O insight "Smart" direcionou toda a estratégia de negócios do Holiday Inn Express. Até hoje, essa pequena, mas significativa ligação emocional, ainda persiste na franquia e em toda a equipe. A plataforma "Stay Smart" integrou-se a cada ponto de contato com o cliente. São cartazes, cartões-postais, serviços, sistemas e ferramentas de vendas. A marca do café do Holiday Inn Express é *Smart Roast.* Encontramos até algumas formas de estender a brincadeira aos hóspedes. Se a linha telefônica de reservas estiver ocupada, você ouve música clássica acompanhada de uma mensagem dizendo que música clássica faz bem para o seu cérebro.

A nova marca Holiday Inn Express ganhou rapidamente a reputação de líder da categoria. As distinções incluem: "A melhor escolha de hotel para empresários" pela *Entrepreneur*, "A melhor marca de hotel em seu segmento" pela *Business Travel News.* pelo Odyssey Award for Travel Advertising de 2001, e pela Travel Industry Association. Os prêmios da New York American Marketing Association —, EFFIE, têm reconhecido consistentemente "Stay Smart" como uma das campanhas publicitárias americanas mais eficientes. A marca recebeu um total de cinco EFFIEs, incluindo o mais recente, em 2004: troféu na categoria Ouro pelo sucesso sustentado, em que os inscritos devem provar os resultados financeiros da empresa pelo período mínimo de cinco anos.

A vantagem de se manter esperto

Em 2003, o Holiday Inn Express era claramente o líder nas considerações de imagem que dirigem os negócios e teve o impulso necessário da marca para mantê-la.

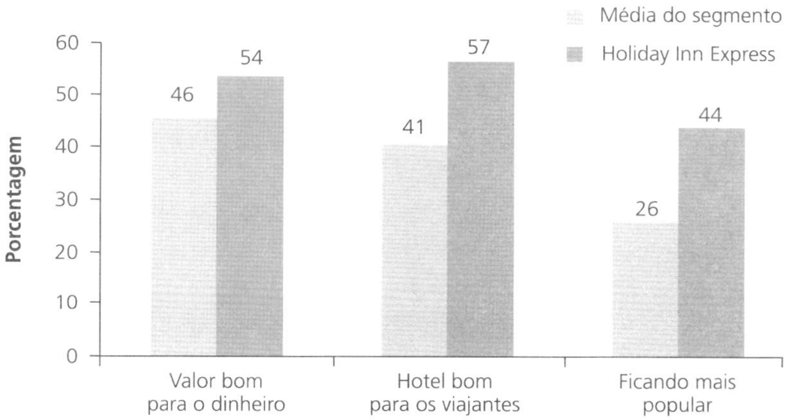

Fonte: Millward Brown, 2003.

Continuar Esperto

Um dos objetivos da comunicação de marketing é transformar o consumidor e, por extensão, a cultura, em seus aliados. Existe algo, além da criatividade, que possa fazer isso por você? Grandes gastos em mídia podem amplificar a sua voz no mercado, mas não podem forçar as pessoas a ouvi-lo. Só uma campanha que crie um vínculo humano verdadeiro com o público pode convidar o consumidor a participar de sua mensagem.

No outono de 2005, seis anos após o lançamento da marca, ainda éramos citados gratuitamente na mídia. Uma charge no editorial de um importante jornal diário apresentou a controvertida candidata à Suprema Corte, Harriet Miers, respondendo aos questionamentos sobre suas qualificações com a afirmação: "Eu nunca fui uma juíza, mas me hospedei no Holiday Inn Express na noite passada". Na mesma noite, Jeanne Moos, apresentadora da CNN, repetiu a frase no ar. A alavancagem criativa tem vida própria.

Capítulo Cinco

Superando um Sério Problema de *Branding*

Comparado ao mercado automotivo norte-americano, em que 17 milhões de veículos são vendidos por ano, o mercado de automóveis ingleses é menor, mas não menos ativo. Embora vendam apenas 2 milhões e meio de veículos por ano, os ingleses são rivais dos americanos na paixão pelo automóvel. A Grã-Bretanha tem mais e melhores revistas automotivas que os Estados Unidos, e um público maior. Os ingleses sempre tiveram uma cultura própria de carros, com pilotos famosos como Nigel Mansell, Sir Stirling Moss e Sir Jack Brabham, como também carros lendários como Rolls-Royce, MG, Jaguar e Bentley.

Em 1999, a fabricante inglesa de automóveis Skoda, nossa cliente, tinha menos de 1% de participação no mercado. Na categoria tamanho, competia com outros importados pequenos como Lada, Citroën, Seat e Fiat, e também com pesos pesados como Ford, VW e Mazda. Devido ao predomínio de grandes fabricantes, os de menor porte, como a Skoda, ficaram confinados ao nicho de descontos. Mas esse não era o grave problema da marca. Muitas empresas têm prosperado oferecendo produtos baratos. A Skoda havia parado de crescer em conseqüência da identidade de marca, que estava prejudicando seus melhores esforços.

A percepção do Skoda. Veja do que os ingleses se lembravam quando pensavam no Skoda nas décadas de 80 e 90.

Na Europa, na década de 80, os únicos Skoda que circulavam eram dirigidos por comunistas em férias no Ocidente. Os carros eram pequenos — mesmo para os padrões compactos — e aparentavam uma fragilidade que os tornava parecidos a brinquedos de lata. Também eram lentos e quebravam com facilidade. Antes que a Cortina de Ferro viesse abaixo, ninguém conseguia comprar um em toda a Europa Ocidental. No entanto, durante 20 anos, uma importadora vendeu esses carrinhos feios na Grã-Bretanha.

O Skoda ocupou um lugar especial na cultura britânica. Sua aparência e as constantes falhas mecânicas forneceram aos humoristas ingleses uma incrível fonte de inspiração. Se o carro do período comunista inspirava desconfiança, a imagem da marca era muito pior. Na Inglaterra, havia sites exclusivos de piadas sobre o Skoda.[1] O tablóide britânico nunca perdia a oportunidade de cutucar o carrinho feio da ex-Checoslováquia. "Acho um pouco menos constrangedor ser visto descendo do lombo de um carneiro do que saindo do banco de trás de um Skoda", escreveu um escritor no *Daily Mirror*.[2]

No entanto, depois do fim da Cortina de Ferro, a Skoda foi adquirida pela Volkswagen e a qualidade de sua engenharia atingiu os padrões da marca VW. Os Skodas passaram a ser fabricados com matéria-prima de qualidade e seus registros de mau funcionamento caíram tremendamente. Infelizmente, os consumidores britânicos não tomaram conhecimento dessas melhorias. E mesmo que fossem informados a respeito, não se interessariam pelo carro por causa da péssima imagem da marca.

Durante toda a década de 90, a Skoda Britânica produziu carros de alta qualidade, mas continuou sendo motivo de risadas. Claro que não era um caso totalmente sem esperança. Embora fosse ridicularizada como marca, suas vendas no Reino Unido cresceram, em meados de 1990, e alguns de seus clientes — espíritos livres, suficientemente sensatos para enxergar além da imagem — eram extraordinariamente fiéis. Mesmo com essa reação positiva, a Skoda permanecia estagnada. Assim como outras marcas com sérios problemas de imagem, ela não conseguia fazer incursões mais amplas no mercado de consumo. Atendia a um nicho pequeno, formado por motoristas excêntricos, com pouco poder aquisitivo, que se divertiam com o fato de serem alvo de ironias. Pesquisas feitas na ocasião indicaram que 60% dos entrevistados declaravam imediatamente que rejeitavam um Skoda.[3] Mas a empresa só se rendeu à gravidade da situação quando lançou o novo Octavia, em 1998. Graças às transformações conduzidas pela Volkswagen, o Octavia era, na opinião da maioria, um carro bom. Em meio a tantas críticas favoráveis, a Skoda liberou, para o seu lançamento, 17,9 milhões de dólares, o maior orçamento de propaganda até então destinado a um carro da marca. E preparou-se para o sucesso.

O lançamento foi um desastre. Em 1998, a Skoda vendeu apenas 2.569 Octavias. E mesmo com todo o investimento feito, a imagem da marca continuou inalterada. Os custos de propaganda chegaram a 7 mil dólares por carro, um verdadeiro absurdo.

Olhando agora, podemos perceber que esse fracasso foi estratégico. O marketing do Octavia havia sido específico, centralizado no produto, para atingir um público-alvo pequeno, mas fiel. A Skoda se comportava como uma marca sem problemas.

Em 1999, a empresa reconheceu que precisava de uma nova abordagem, para que o próximo lançamento, o supermini Fabia, desse certo. Seu diretor de marketing, Chris Hawken, transferido da Volkswagen, tinha um relacionamento anterior com os fundadores da Fallon de Londres. Por isso, fomos convidados a fazer uma apresentação para o supermini Fabia.

Em vista do lançamento fracassado do Octavia, sabíamos que precisávamos "cavar mais fundo". Você pode dividir o trabalho de criatividade em duas fases: uma de diagnóstico e outra de execução. Se você fizer o diagnóstico errado, a criatividade aplicada à execução será, na melhor das hipóteses, simples entretenimento, e o problema continuará sem solução. (Isso já aconteceu com nossa agência. Nossa primeira campanha para a United foi hábil e elegante, quando afirmou que a empresa estava "subindo". Mas os passageiros não a viam dessa forma. No caso da Skoda, que partia de uma posição desvantajosa, não podíamos ter o mesmo problema de credibilidade.) Como aconteceu com a Purina, nosso diagnóstico inicial indicou que os consumidores precisavam ser bem informados. Se soubessem que os Skodas se transformaram em carros excelentes, deixariam de rir deles.

Por não termos trabalhado anteriormente com essa marca, subestimamos a extensão do problema. Hawken o conhecia melhor. Defensor apaixonado da Skoda, ficou furioso com o injusto estigma da marca. O Octavia era um bom modelo, com uma concepção nova, uma engenharia brilhantemente construída pela Volkswagen e elogiada pela imprensa. Mas o carro nunca havia recebido um tratamento justo. "Era uma situação incontrolável", dizia Hawken, "pois os revendedores contavam que as crianças choravam baixinho na concessionária ao imaginar que seus pais a deixariam na escola com um Skoda."

Mesmo depois de ouvir essas histórias, não conseguimos compreender totalmente a gravidade do que Hawken nos mostrava. Pensávamos que poderíamos pressionar o mercado a ceder, citando a brilhante engenharia do supermini Fabia, atestada por uma imprensa automotiva de alta credibilidade (o elogio sincero ao novo Skoda era quase universal). Mas, quando os responsáveis pela conta e os planejadores apresentaram esse *briefing* para a equipe de criação da Fallon de Londres, os redatores e os diretores de arte disseram: "Sim, mas continua sendo um Skoda".

Dessa vez entendemos. A reação instintiva da equipe nos fez lembrar a observação de Randall Rothenberg de que o importante nos automóveis é a mecânica.[4] As pessoas geralmente não entram em um carro se não acharem que é a marca certa para elas. Os instintos da equipe de criação nos disseram que, para ganhar essa conta, teríamos de ignorar tudo o que sabíamos sobre propaganda automotiva tradicional e atingir o problema de marca do Skoda de uma forma mais essencial. Nesse momento sério, percebemos que tínhamos de começar do zero.

Quando Você É a Piada

O problema de marca da Skoda no Reino Unido era embaraçoso. O humor é uma ferramenta maravilhosa de comunicação quando quem faz o outro rir é você. Agora, participar de um negócio que é alvo de piadas é outra coisa totalmente diferente. Qualquer um que tenha sido alvo de gozação na escola sabe que é quase impossível revidar, quando você é ridicularizado. No ambiente social, pelo menos você tem a chance de enfrentar aqueles que o torturam. Mas o que uma marca pode fazer?

Sempre afirmamos que a marca perdura na mente dos consumidores, embora não haja garantia de que eles serão justos, razoáveis ou bem-informados. Você pode mudar a forma de pensar das pessoas, mas apenas se elas consentirem. E isso nunca vai acontecer, se elas acharem que você é uma piada.

Primeiro, você precisa conhecer os consumidores. Nesse caso, não foi difícil localizar a verdade emocional da marca, como aconteceu com o Citibank e o Holiday Inn Express. A verdade emocional da Skoda não precisava ser descoberta. Era inevitável. Quanto mais tentávamos trabalhar em torno do estigma, mais percebíamos que teríamos de encarar a piada da Skoda de frente. Nossa tarefa não era introduzir um carro no mercado, e sim mudar o valor social da marca. Como disse um de nossos parceiros no escritório da Fallon, em Londres: "Precisávamos alcançar o céu".

Quando finalmente aceitamos essa idéia, passamos a ter condições de fazer progresso. Não só reconheceríamos o estigma, mas o adotaríamos como coisa nossa. Assumiríamos o fato de sermos alvo de risadas, pois ninguém pode fazer gozação de alguém que já está rindo de si mesmo.

Na hora de definir o problema da empresa da forma mais clara possível, anotamos este pensamento simples: "O Fabia, da Skoda, é melhor do que você pensa".

Há momentos em que você descobre coisas sobre o seu cliente que mudam tudo. E há outros momentos de grandes idéias, quando você percebe imediatamente que descobriu o pensamento simples que o fará sair de uma situação desconfortável. Os músculos dos ombros relaxam. Os sorrisos aparecem. Nossa descoberta nos ajudou a reconhecer o elefante na sala e passar por ele.

O próximo passo era transformar essa idéia em propaganda. A equipe fez um *brainstorm* de *slogans*. E o slogan que usamos no filme foi: "It's a Skoda. Honest". Era perfeito. Quatro palavras que podíamos colocar ao lado do supermini Fábia — que realmente é um carro de aparência inteligente — e anunciar a beleza desse novo automóvel, enquanto reconhecíamos o estigma da marca.

O próximo passo seria um plano de mídia, paralelo à criação dos comerciais. Voltamos novamente ao *insight* fundamental e percebemos que a cobertura de mídia teria de ser ampla. Precisávamos influenciar a imprensa (como ela era parte do problema, tinha de ser parte da solução) e alcançar todos os que já haviam rido de uma piada do Skoda. A campanha seguiria pelo caminho oposto àquele que usamos para atingir o público-alvo do Holiday Inn Express. Em vez de dirigi-la a um público restrito ou usar pesquisa de mercado para identificar o cliente ideal do Skoda, nós falaríamos para todo mundo.

Até esse ponto, ainda estávamos competindo pela conta com duas outras agências. Agora, tínhamos de expor nossos argumentos provocativos e estávamos nervosos. Teríamos coragem de dizer ao nosso cliente potencial que a solução brilhante para salvar sua marca exigia admitir publicamente o fato de seus carros serem uma piada?

Quando chegou a hora de fazer a apresentação para a empresa, não atenuamos o risco. Advertimos os profissionais de marketing da Skoda: "Engulam seu orgulho, pois vocês não vão gostar do que nós vamos dizer". Então, explicamos por que era fundamental atacar o estigma de frente, ou haveria o risco de a mensagem sobre a "brilhante engenharia" não ser ouvida. Mesmo para aqueles que estavam dispostos a considerar a compra de um Skoda, a maior barreira era um preconceito irracional contra a marca. O papel da propaganda, portanto, era combater esse preconceito. O público-alvo para a propaganda tinha de ser o

Vídeo: Ouvimos a discussão enquanto um grupo de executivos visitava uma fábrica de montagem muito moderna e eficiente.

Homem 1: É aqui que as peças são fabricadas, senhor.

Homem 2: Impressionante como isso é grande!

Homem 1: O carro tem garantia de dez anos anticorrosão.

Homem 2: Verdade?

Homem 1: Temos 240 robôs aqui.

Homem 2: Maravilhoso. Ah, veja aquilo. Incrível.

Homem 1: Ah, vire-se.

Homem 2: Olá.

Homem 1: Este é o primeiro carro de sua classe que atende aos novos padrões europeus de emissão para 2005.

Homem 2: Acho tudo isto muito impressionante.

Homem 1: Cada carro é testado antes de sair da fábrica.

Homem 2: Cada carro?

Homem 1: Sim.

Homem 1: E este, senhor, é o produto acabado.

Homem 2: É maravilhoso. Bem feito. E ouvi dizer que vocês fabricam aquele Skoda engraçado aqui também.

Assinatura: O novo Fabia. É um Skoda. Sério.

Skoda, "Visita à Fábrica", 2000. Esse comercial dá aos telespectadores muito tempo para observarem o novo Fabia por todos os ângulos e perceberem dados importantes sobre ele. Então, o idiota faz o comentário estúpido, e a piada corrente sobre o Skoda se reverte. Você pode ver esse comercial em www.juicingtheorange.com. Clique em "See the Work".

público inglês em geral. O objetivo era tornar os compradores potenciais confiantes de que podiam escolher um Skoda sem que os outros rissem deles.

Aí chegou a hora de mostrar à equipe de marketing da Skoda o trabalho que havíamos concebido. O primeiro comercial começava com um grupo de pessoas fazendo uma excursão a uma fábrica de automóveis moderna, onde carros novos e bonitos saíam da linha de montagem. De repente, um sujeito que não estava prestando muita atenção, diz: "Ouvi dizer que vocês também fabricam aqueles carrinhos engraçados aqui".

No segundo conceito, um jovem executivo, cansado, desce uma rampa de estacionamento até o subsolo, tarde da noite, depois que todos os outros carros saíram. O segurança chega para lhe mostrar que algo terrível havia acontecido com seu carro novo. Quando se aproximam do carro, o guarda pede mil desculpas por não ter conseguido agarrar o vândalo que colocara um adesivo do Skoda no seu novo e brilhante sedan.

Ambas as propagandas mostravam pessoas que ainda pensavam que os carros Skoda fossem uma porcaria e, ao ridicularizarmos delicadamente essa atitude, incentivávamos os consumidores a concluírem que eles não eram uma dessas pessoas.

Chris Hawken perguntou: "Temos de fazer isto?" Respondemos que sim. Dissemos que tínhamos tentado algumas alternativas, mas, honestamente, sem conseguir encontrar outra resposta. O diretor executivo, um veterano da Skoda com experiência em contas, foi mais agressivo: "Vocês querem que eu gaste milhões de libras numa campanha de televisão que mostra pessoas dizendo que meu carro é uma porcaria?"

A Fé Estratégica

A Skoda colocou os conceitos das três agências concorrentes em testes de consumo. A empresa de pesquisa relatou que todos eram aceitáveis, mas que a abordagem "It's a Skoda. Honest." (É um Skoda. Sério.) era a vencedora. Ganhamos a conta.

Antes do lançamento do novo modelo, o diretor executivo da Skoda em Praga pediu um *briefing*. A reunião foi programada para um domingo à noite em um hotel próximo ao aeroporto Heathrow. O chefão aterrissou em Gatwick e teve de fazer uma longa corrida de táxi até Heathrow. Com esse início nada favorável, apresentamos nosso trabalho da melhor forma possível. "Eu não entendo", disse o chefe da Skoda. "Eu não aprovo isso. Prossigam, se acham que devem. Não posso impedi-los, mas não é certo fazer isso com nossa marca." E voou de volta a Praga.

Depois de muitas considerações, Chris Hawken colocou sua carreira em jogo e convenceu seu chefe a lançar a campanha. Por quê? Ele acreditava que incorporar a piada seria a melhor chance de fazer o Skoda ser notado e considerado como compra — o que precisava acontecer para a empresa progredir. (Como resultado dessa decisão corajosa, Hawken foi cortado do conselho europeu de marketing da Skoda, antes mesmo do lançamento da campanha.)

A campanha do Fabia supermini foi lançada, de acordo com os planos, em fevereiro de 2000. Para obter o máximo impacto possível, a equipe carregou na compra de mídia. Ao contrário do Holiday Inn Express, que podia crescer com o tempo, a campanha da Skoda precisava provocar a imediata reação da imprensa, de preferência reconhecendo que a campanha havia conseguido mudar a piada popular.

Felizmente, "It's a Skoda. Honest." repercutiu exatamente como esperávamos.

> *"A maior volta da história", estampou o Daily Mirror. "O novo Skoda da VW é moderno e sexy — sim, sexy".*[5]
>
> *"Devo reconhecer minha suspeita de que os Skodas vão se tornar a última moda", disse o Spectator.*[6]
>
> *The Guardian relatou: "Do jeito que as coisas estão agora, o Rolls-Royce pode se beneficiar de uma associação com o Skoda."*[7] *(Na época, um tesouro nacional venerável, mas abalado, o Rolls-Royce estava nos noticiários como alvo de incorporação tanto pela VW quanto pela BMW.)*

O ano 2000 foi intenso para a Skoda. Assim que a propaganda estourou, as estatísticas mostraram que a imagem da empresa estava em ascensão. A campanha teve um impacto dramático sobre a "consideração de compra". Anteriormente, os clientes potenciais ignoravam as inovações do produto e os esforços de marketing da Skoda, o que resultava em altos índices de rejeição. Pela primeira vez na história da empresa, o número de clientes potenciais que não consideravam a possibilidade de comprar um Skoda caiu de 60% para 42%, um dado de rejeição inferior aos carros equivalentes fabricados pela Fiat e pela Citröen. Desde o início de suas atividades, a medida *top box** de "consideração ativa" cresceu de 18% para um pico de 28%.[8]

Outro efeito imediato e duradouro foi sobre os revendedores Skoda. Eles estavam acostumados com as concessionárias quase vazias. Também estavam habituados a ignorar ou a comemorar com ironia a imagem negativa da marca. Nossa campanha pode ter incomodado os revendedores — Por que balançar o barco? Antes, eu dizia que era um Volkswagen barato!

Menos engraçados, mais interessantes

Não há nada para rir aqui. Estes foram os primeiros indicadores animadores de que tínhamos acertado.

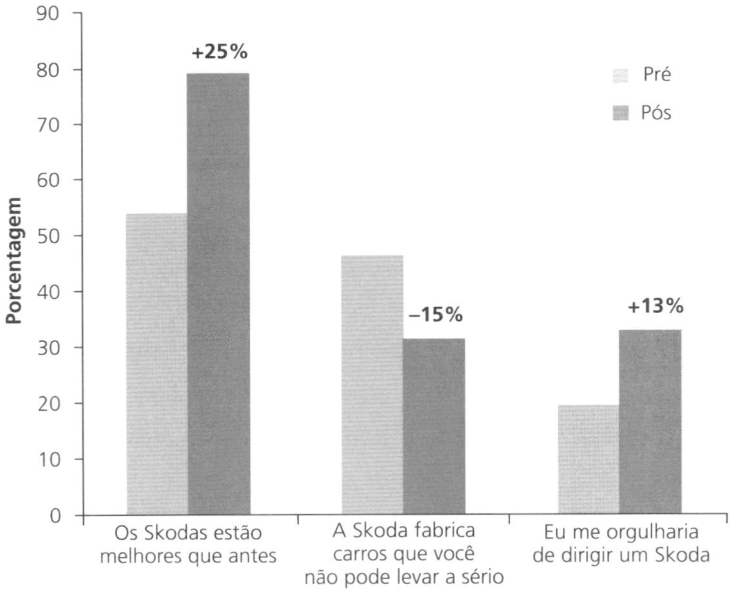

Fonte: Millward Brown, julho de 2000.

* Top box é a pontuação máxima em uma escala de avaliação. (N. de T.)

Em 2001, os revendedores de carros da Inglaterra classificaram o Skoda como a melhor propaganda de produto. Isso porque a campanha teve grande visibilidade e gerou muito movimento nas concessionárias.[9] Melhor ainda, a propaganda reforçou as expectativas dos revendedores. O esforço da propaganda causou um aumento nos padrões de varejo. O consumidor passou a ter um carro, uma marca e um serviço melhores. Os varejistas passaram a ter mais clientes e vendas a preços mais altos. As margens nunca foram tão boas.

De modo geral, a campanha da Skoda teve um impacto marcante nos negócios. Sem aumentar o número de revendedores, o crescimento das vendas foi maior do que o crescimento do mercado. A marca obteve um aumento recorde de 80% de participação no mercado. (Os preços realmente aumentaram 60% entre 1997 e 2001, com crescimentos mais modestos depois. Ao contrário do mercado americano de descontos, a Skoda não estava, de forma alguma, comprando participação no mercado.) As vendas saltaram de 20 mil carros anuais, em 1999, para 33 mil em 2001. O índice de vendas na Grã-Bretanha era três vezes maior do que no resto da Europa.[10]

O supermini Fabia deu início a dois anos surpreendentes para a Skoda. "It's a Skoda. Honest." revigorou o programa de marketing da marca e gerou uma nova campanha de marketing direto, guiado pela marca, com material promocional em pontos de venda e um site. Por meio de mala-direta, milhares de emblemas do carro foram enviados a clientes potenciais. Junto, uma sugestão para o possível cliente ficar com o Fabia por algum tempo. Durante o período de campanha, as respostas à mala-direta dobraram em comparação com iniciativas anteriores e contribuíram para mais de duas mil vendas.[11]

Houve outro ponto interessante. Você se lembra do lançamento infeliz, em 1998, do modelo Octavia, que mencionamos no início? A Skoda soube relançar o Octavia. Embora gastando apenas metade do orçamento investido na época, obteve o dobro do resultado de vendas.

Você não pode colocar um preço para ver quem ri por último, mas fizemos isso também. A imprensa continuou a defender a nova imagem da marca muito tempo depois do lançamento da campanha. Em 2002, o *Sun* disse: "O fabricante checo passou de uma piada a uma história de imenso sucesso em poucos anos".[12]

Uma revista de propaganda para vendedores analisou sucintamente o caso: "A facilidade com que uma marca existente é lembrada — um cálice com veneno, se é que existiu algum — tornou-se uma grande vantagem. Como os personagens da propaganda são bobos e se deixam enganar com facilidade — pensa o espectador, que dez segundos atrás também não tinha idéia de como era o novo Fabia. Os comerciais nos dizem algo e fazem com que nos sintamos superiores por sabermos disso com a velocidade da luz. O quanto isso é inteligente?"[13]

Um Risco Que Vale a Pena Correr

Olhando para trás, o risco que a Skoda assumiu em admitir a piada parece prudente ou até mesmo óbvio. A Skoda tinha fracassado em um lançamento dispendioso de produto. Testou a campanha usando alternativas agressivas. A empresa sabia que precisava vencer a imprensa.

Na época, entretanto, admitir a piada nacional não foi fácil. Mas a lição aqui não tem a ver com o momento em que a campanha foi lançada. O escritório de Londres nos ensinou que a coragem é um processo e não um evento. Houve riscos em cada etapa do desenvolvimento da campanha, assim como surgiram muitas oportunidades de abandoná-la. A equipe da Fallon podia ter feito algo mais convencional para ganhar sua primeira conta de carro. A equipe de marketing da Skoda podia ter seguido o caminho mais fácil. Os revendedores podiam ter rejeitado a campanha. Em vez disso, todos os envolvidos aceitaram o risco e colheram as recompensas.

Uma nota final: Chris Hawken foi em frente e conseguiu posições melhores e mais importantes na organização como gerente geral de marketing da Volkswagen SE Asia Pacific (mais uma vez, tornou-se cliente da Fallon — por meio do nosso escritório em Singapura). No livro *The Pirate Inside*, de Adam Morgan, Hawken é retratado como um daqueles valente renegados que mudam o curso das culturas corporativas.[14]

Capítulo Seis

Reabilitando uma Marca de Consumo Madura

Para minha mãe e suas amigas, Lee é sinônimo de um enorme traseiro.

— *Adolescente em um grupo de discussão, 1997*[1]

Em 1987, quando trabalhamos pela primeira vez com a Lee Jeans, as vendas anuais de brim alcançaram 6 bilhões de dólares, e o segmento jovem impulsionou a categoria.[2] (Hoje, as vendas anuais giram em torno de 14,6 bilhões de dólares.)[3] Na época, a Levi's era a líder inquestionável. A Lee era apenas a marca clássica, perdedora.

Durante todo o nosso relacionamento com a Lee, em 18 anos, enfrentamos constantes desafios de mercado nessa categoria altamente volúvel. Primeiro, veio o jeans de marca. Na década de 80 e início de 90, marcas de grife como Calvin Klein, Guess e Girbaud conquistaram a participação de mercado tanto da Lee quanto da Levi's, mas a Lee foi a mais fortemente atingida. Esse fato mudou também o cenário do varejo. Os consumidores deixaram de ir a lojas de departamento como JC Penney ou Sears, para comprar jeans novos. Por outro lado, havia um número crescente de lojas especializadas (Old Navy, Gap, Abercrombie & Fitch, The Limited, Urban Outfitters) que tinham marcas próprias ou não comercializavam Lee.

A imagem que a Lee projetava para os jovens complicava os problemas de distribuição. Durante quase duas décadas, os negócios da marca tiveram um bom crescimento e atraíram uma geração de mulheres (agora com 35 anos ou mais), enquanto afastavam os jovens. Na nossa agência, aqueles que tinham filhos jovens podiam conseguir jeans Lee de graça — mas mesmo os nossos adolescentes os achavam tão fora de moda que não os usariam em uma escola pública.

Em 1996, pensamos ter encontrado finalmente a posição ideal — uma campanha elegante e emocionante que tornaria a Lee legal outra vez. Fizemos uma série de tomadas mostrando encontros de meninos e meninas em preto-e-branco. O trabalho era muito bem executado, como qualquer outro que já havíamos feito. Em um comercial, produzido em uma balsa, um garoto de 18 anos se aproxima timidamente de uma garota que usa jeans. Ele lhe entrega um medalhão e diz: “Você derrubou isto”. Ela pergunta: “Onde?” Ele responde: “Em Nebraska”. A campanha passou bem no teste, e as propagandas foram ao ar em todos os programas com as maiores audiências (*Friends*, *Seinfeld*). A filha de um de nossos funcionários, que acabara de entrar na faculdade, nos contou que suas colegas estavam repetindo o diálogo das propagandas da Lee.

Você poderia imaginar que tínhamos outro Holiday Inn Express nas mãos. Nada mais longe da verdade. Nossa campanha foi um excelente exemplo de como executar um comercial perfeito e falhar em um ponto fundamental. As vendas de jeans Lee continuaram absolutamente estagnadas.

Por quê? Logo descobrimos que estávamos tratando apenas o problema superficial, em vez de resolver a dificuldade mais profunda da marca. A Lee não enfrentava uma situação difícil como a Skoda. O fabricante de jeans não era uma piada nacional. Porém, havíamos nos esquecido de começar por onde estava o consumidor.

Na categoria jeans, isso significava lidar com a mentalidade dos jovens de 18 anos que determinavam os padrões de compra de seu grupo de amigos. Toda marca, na mente de um jovem de 18 anos, tem um atributo especial, e somente os líderes do grupo podem mudar sua classificação. Esses influenciadores ditam o comportamento em relação à marca para um círculo assustadoramente amplo. A realidade da categoria era esta: aqueles que ditam as tendências usam Levi’s. As mães usam Lee. Todos na escola sabiam disso.

Ficou claro que nosso público-alvo simplesmente não conseguia perceber que nossos comerciais estavam associados à marca Lee. Para a maioria deles, retratar encontros de meninos e meninas era prerrogativa da Levi's, e não da Lee. Embora nosso comercial fosse diferente daqueles veiculados pela Levi's, nossa propaganda estava, tematicamente, no território da Levi's, e não da Lee. Apesar do bom resultado que obtivemos com os testes, mais de 60% dos consumidores que viam as propagandas pensavam que fossem comerciais da Levi's, pois a Lee não era sexy — a Levi's era. A má adequação do nome representava um problema antigo para a Lee por causa da semelhança infeliz de sua marca com a Levi's, mais popular. Conseguimos apenas complicar esse problema, quando tentamos ganhar a emoção que pertencia a outra marca.

Deixando nossos fracassos de lado, em 1997 a Lee era uma conjuntura crítica. Sua participação de mercado entre jovens do sexo masculino pairou em um dígito durante uma década. Enquanto isso, a Levi's cresceu, atingindo uma participação dominante de 50%. A Gap, a Old Navy, a Abercrombie & Fitch e outras estavam expandindo sua presença e ganhando o ar descontraído da cultura jovem. Os problemas da Lee se intensificaram a ponto de os varejistas perderem a fé na marca. Eles não acreditavam que a Lee entendesse o mercado jovem e estavam questionando a viabilidade, a longo prazo, da marca.

Para reverter essa situação, a Lee teria de assumir um risco. Atacar o problema do mercado jovem exigiria compromisso total da empresa e grande parte de seus minguados dólares de marketing. Ao mesmo tempo, significava não dar sustentação suficiente à sua base de negócios — as mulheres. Felizmente, houve uma mudança radical nas equipes que direcionavam a marca Lee. Também designamos uma equipe totalmente nova, da Fallon, para assumir a conta. Todos sabiam que a situação era desesperadora — o momento perfeito para uma alavancagem criativa.

Espírito Indestrutível

A primeira coisa que nossa nova equipe fez foi uma análise completa do negócio. Sempre fazemos esse exercício durante a preparação de apresentações para ganhar uma conta, e também com antigos clientes, quando estamos paralisados. Nossos profissionais examinaram todas as informações que conseguiram encontrar sobre jeans, moda e tendências de varejo. Depois, a equipe se reuniu com nosso cliente no hotel Marriott, perto da sede da Lee em Overland Park, Kansas, para apresentar suas conclusões.

Uma descoberta que merece ser mencionada foi que 25% das vendas da Lee aconteciam em sua loja. Esse crescimento foi tão lento que não chamou a atenção, mas sinalizou para nossa equipe que havia uma pequena demanda de consumo no varejo. Além disso, o que se descobriu sobre a categoria não chegou a ser surpreendente, mas ajudou a redirecionar a equipe e o cliente para as seguintes verdades:

1. *O dinheiro está com a juventude.* Os jovens compram. E gastam em jeans mais que qualquer outro segmento da população. Essa informação parece óbvia, mas acontece que a Lee fazia sucesso entre mulheres de 25 a 35 anos, e esses dados nos davam sustentação para assumir o risco de tentar um público mais jovem.

2. *O dinheiro está com rapazes em idade universitária.* Nossa pesquisa mostrou que a maioria das pessoas consolida suas preferências por marcas de roupas aos 24 anos. Naturalmente, teríamos de fazer uma aproximação com rapazes mais jovens, mas nem tanto. Os meninos adolescentes estão ocupados demais com suas transformações para experimentar marcas e produtos ou para representar um alvo confiável. O ponto crítico eram os garotos universitários com idade entre 17 e 22 anos.

3. *O dinheiro está no bolso da calça de brim.* Aprendemos que era melhor ignorar a roupa esporte, embora na época a Gap estivesse fazendo um grande sucesso com seu cáqui. Os profissionais de marketing de vestuário se distraem facilmente com outras linhas de roupa que estejam em evidência. Elas são uma excelente idéia quando você está em ótima situação e pode aproveitar um negócio que se expande. Mas são uma péssima idéia quando você está sem força para começar. Felizmente, os líderes da Lee sabiam que sua grande competência era fabricar calça jeans, e fizeram bem em resistir ao impulso de perseguir algo totalmente novo.

A reunião transcorreu bem, até encontrar um obstáculo: captação de recursos para a pesquisa. Todos nós admitimos que não sabíamos o suficiente sobre meninos adolescentes e suas razões para comprar jeans. Mas não havia orçamento disponível porque a Lee estava organizada para investir nas linhas de produto, e não na marca. Precisávamos conduzir uma séria pesquisa de mercado, e os gerentes das linhas de produto estavam relutantes. Claro, eles não podiam sacrificar seus dólares de marketing em função de uma pesquisa geral. Estávamos num impasse.

A idéia surgiu durante um intervalo da reunião. Os profissionais de nossa equipe começaram a conversar no corredor. Eles sabiam que se a pesquisa não fosse feita, o processo não chegaria a lugar algum. Então, resolveram que a agência poderia financiar a pesquisa, ou seja, cerca de 45 mil dólares sairiam do nosso bolso. Tecnicamente, nenhum dos representantes da Fallon naquela reunião tinha autoridade para fazer essa proposta, mas nossas equipes operam de modo muito empreendedor. Todos sabiam que provavelmente gastaríamos mais de 45 mil dólares para tentar resolver o problema. Era melhor assumir o risco e manter a energia fluindo.

A Lee aceitou nossa oferta, mas infelizmente as conclusões da pesquisa foram desanimadoras. O único atributo positivo que a Lee podia afirmar com algum grau de credibilidade era a durabilidade. (A durabilidade tinha duas dimensões: as calças eram resistentes, se conservavam durante muito tempo, e a própria empresa já existia há muitos anos.) Tratava-se de uma boa notícia. Mas essa durabilidade não sugeria imediatamente uma execução de marketing capaz de funcionar com jovens do sexo masculino.

Mesmo assim, havia um fio de esperança. Por meio da pesquisa, aprendemos algo sobre a ligação emocional entre meninos adolescentes e seu jeans favorito. Utilizamos uma técnica de projeção visual onde mostrávamos a eles certas imagens e perguntávamos qual delas representava melhor o modo como eles queriam se sentir quando usavam seu jeans favorito. Na maioria das vezes, os jovens escolhiam a cena de um homem empurrando uma pedra morro acima. (Optavam também pela foto do grande profissional de basquete, Michael Jordan.)

Esse exercício nos mostrou que os garotos queriam se sentir absolutamente indestrutíveis em seu jeans. Era algo radicalmente diferente do que interessava às mulheres. E diferente também do fundamento emocional que tentamos obter com o trabalho anterior para a Lee. E completamente avesso ao que a maioria poderia pensar sobre um produto de moda. Para os jovens do sexo masculino, o modo como eles se sentiam em seu *jeans* era mais importante do que sua aparência dentro dele.

Precisávamos passar as idéias de planejamento aos redatores e diretores de arte, mas a equipe estava ficando cada vez mais entusiasmada com a idéia do "espírito indestrutível" da Lee. Começamos a acreditar que poderíamos transformar os benefícios de durabilidade e resistência em um sentimento emocional ("Sinto-me indestrutível").

A idéia parece muito duvidosa, não é? Também achamos que sim. Esse *insight* não tinha o poder da pista que encontramos para a Purina, e que nos levou a descobrir porque as pessoas estavam comprando menos Dog Chow. Com toda certeza, não nos transmitia a sensação de "heureca!" que nos invadiu quando localizamos, para o Citibank, os clientes que buscavam equilíbrio. Portanto, aceitamos muito bem o fato de nossa reunião de pesquisa ter sido considerada insatisfatória pelo cliente.

Depois de duas horas e meia de discussão, Gordon Harton, então vice-presidente de marketing da Lee, disse: "Vocês me perderam quando disseram 'durabilidade'. Eu quero uma forma de tornar a Lee sexy, e vocês afirmam que tudo o que temos é durabilidade?" O presidente Terry Lay ficou igualmente desapontado conosco: "Isto é um monte de merda".

Tanto a agência quanto o cliente percorriam um território desconhecido, em comparação com o mercado representado pelas mulheres. Só tínhamos certeza de que precisávamos encontrar uma forma confiável de começar a conversa com os jovens. Esse era nosso único ponto de vista sobre *brand equity* (valor da marca). Portanto, ainda restava um exercício que valia a pena tentar: a iconografia da marca.

Vasculhando o Passado de uma Marca

Quando determinada marca segue um curso indesejável, normalmente voltamos às suas raízes. É o exercício perfeito para se começar do zero. Você ignora tudo o que está associado a ela e tenta encontrar, no seu passado, um tesouro que ainda possa ressoar.

Nossa equipe literalmente entrou no baú escondido no porão da sede da Lee. Durante essa busca arqueológica, foi encontrado um boneco de gesso de 30 centímetros com o nome de Buddy Lee. Na década de 30, Buddy Lee ficava exposto nas vitrinas das lojas de departamento, para que as pessoas soubessem que o estabelecimento tinha a linha Lee de macacões. Naquele tempo, ele foi um ícone. (Os colecionadores afirmam que, no início dos anos 40, Buddy Lee — vestido com um macacão da marca — foi o segundo boneco mais popular do país, atrás apenas da boneca Shirley Temple.)[4] Pegamos o boneco e vários outros ícones, *slogans* e imagens visuais do passado, e os levamos para a agência.

Nossa equipe apresentou aos grupos de discussão o que havíamos recolhido. E houve uma boa resposta para um velho *slogan* relacionado à durabilidade: "Can't Bust 'Em" (Você Não Consegue Estragar). Mas algo realmente interessante aconteceu quando o boneco Buddy Lee foi apresentado. Houve um enorme interesse. Mas, naquele momento, nossa equipe não sabia direito o que fazer com aquilo.

Como já dissemos, é importante observar o grau de energia de um grupo de discussão, o que não significa que você já saiba como alavancar esse interesse. Nossa equipe ficou intrigada com a reação ao boneco, mas não sabia qual seria a resposta dos adolescentes a Buddy Lee. Aqueles garotos estavam crescendo com uma boa dose de *The Simpsons* e *South Park*. Talvez tenham gostado de Buddy Lee por ele ser esquisito. Ou talvez não fosse nada.

Como os integrantes da equipe não sabiam para onde levar Buddy Lee e "Can't Bust 'Em", resolveram manter a descoberta em observação. É claro que não deixariam um elemento, mesmo interessante, que fazia parte do registro histórico da marca, conduzir sem mais nem menos sua estratégia. Para um cliente inteligente, é preciso que haja um contexto estratégico. Se você simplesmente oferecer um velho boneco e um antigo *slogan,* ele achará que você está dando voltas sem sair do lugar. Não podemos deixar o entusiasmo criador superar a estratégia — um erro que cometemos com a campanha da Miller. Para a maioria dos executivos, a porta para o lado direito do cérebro fica no lado esquerdo. Primeiro, o que é inteligente. Depois, o que é atraente. (O consumidor, ironicamente, prefere o caminho inverso.)

O Poder da Iconografia

Quando a revista *Time* escolheu a Fallon como sua agência, em 1991, comentava-se o fim das revistas semanais. Durante a Guerra do Golfo, notícias instantâneas começaram a pipocar. A CNN e outras emissoras a cabo transmitiam notícias 24 horas por dia. A base de assinantes da *Time* entrou em risco.

Tivemos de enfrentar uma tarefa *business-to-business*. Nossa função era criar uma campanha que captasse o interesse dos anunciantes. O desafio era aumentar a relevância da marca em uma categoria comoditizada que a tecnologia estava ameaçando tornar menos relevante.

Começamos examinando como os leitores se sentiam em relação ao conteúdo editorial da *Time*. A principal descoberta da pesquisa foi que, à medida que a quantidade de notícias crescia, a necessidade de *insight* e de análise das informações também aumentava. Além disso, a força da fotografia da *Time* deu textura e dimensão importantes para a voz da revista e a ajudou a se tornar mais completa e diferenciada em relação a outras fontes de notícia.

Mas, como você pode transmitir em uma simples propaganda algo tão efêmero como a voz de uma revista de notícias e a relevância editorial que ela dedica a seus leitores? Foi aí que entrou o estudo da iconografia. Aprendemos que a linha vermelha da capa da *Time* exercia uma grande influência sobre os consumidores. De maneira particular, ela transmitia importância e credibilidade, e era imediatamente reconhecível e associada à revista.

Começamos a perceber que o diferencial da *Time* era o pacote todo — em outras palavras, tudo o que estava dentro daquela borda vermelha. Então, um dos nossos diretores de arte criou uma expressão visual para essa descoberta. Ao colocar a borda vermelha da capa da *Time* sobre fotografias atraentes (que apareciam na revista), nossa campanha passou a representar visualmente a perspectiva que a *Time* traz para os eventos que marcam o nosso mundo.

A campanha da borda vermelha foi lançada em 1994 e ainda se mantém. Já produzimos mais de cem anúncios com ela. O One Club de Nova York a considerou a campanha da década. Treze anos após o início daqueles comentários sobre o fim das revistas semanais, a *Time* continua a liderar a categoria. Bruce Hallett, um ex-presidente da revista, declarou: "A campanha permitiu que a *Time* expandisse seus horizontes e passássemos a pensar grande sobre o que éramos e o que poderíamos nos tornar."[a]

---

a. Bruce Hallett conversa com a equipe *Time* da Fallon, em 2000.

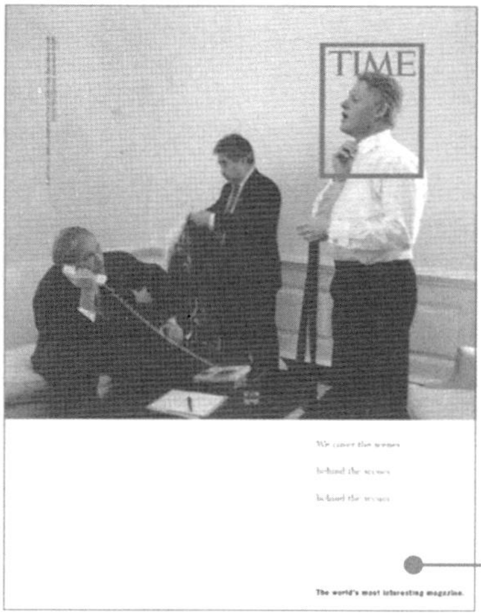

A campanha com a borda vermelha da *Time*. A campanha com a borda vermelha da *Time* é um bom exemplo do poder emocional da iconografia para conectar uma marca ao seu público. Essa campanha foi veiculada durante 14 anos. O One Club of New York a premiou como a campanha impressa da década de 90. (Nosso trabalho para a *Rolling Stone* ganhou a mesma premiação na década de 80.)

Nossa equipe precisava criar o *case* estratégico para Buddy Lee. Foi feito um estudo de outros anunciantes que haviam utilizado personagens como ícones, com graus variáveis de sucesso. Você se lembra do Sr. K. da campanha desastrosa da Nissan, em meados da década de 90? Do Chihuahua, da Taco Bell? Do Little Penny, da Nike? Do cachorro fantoche que falava para a Pets.com, e que fez mais sucesso do que o conceito a ser transmitido? Enfim, o personagem com o maior poder de permanência foi o coelho das pilhas Energizer, que conservou vitalidade e significado por 20 anos. (O planejador de conta da campanha do coelho das pilhas Energizer em Chiat/Day foi Rob White, atualmente presidente da Fallon Minneapolis.)

Buddy Lee. Um boneco de 60 anos que encontramos num velho baú da Lee poderia voltar a ser um ícone da marca?

A equipe concluiu que, para dar certo, Buddy Lee precisaria de uma lista do que deve ou não ser feito para que seja assegurado o suporte da marca. Ele não podia ser um vendedor da marca, nem aparecer demais. Buddy precisava ter coração e humanidade. A equipe estava tão convencida de que o personagem valia a pena, que chegou a propor medidas para medir seu impacto e acompanhar seu desempenho depois do lançamento. Sentindo que ao demonstrar responsabilidade estávamos mostrando o quanto éramos sérios, acrescentamos algumas perguntas, para que pudéssemos aprender um pouco mais com o mercado. Buddy Lee era aceito? Ele era inspirador? A equipe procurou cobriu todos os aspectos possíveis, para saber como os homens de 19 anos se sentiriam em relação a um pequeno boneco.

A partir daí, a agência recomendou que criássemos uma marca totalmente nova. O argumento era que não havia, no nome Lee, valor suficiente para fazer sucesso entre homens jovens de um mercado dominado pela Levi's. Terry Lay, presidente da Lee, aceitou a lógica de nossa recomendação, mas deixou claro que havíamos sido contratados para dar vida à marca Lee, e que ele não estava preparado para abandonar essa missão.

A solução foi criar uma submarca: Lee Dungarees. Seguindo as pistas da história centenária da marca, com destaque para *jeans* duradouros, inspirados em roupas de trabalho, os designers de produto fizeram uma criação primorosa para Lee Dungarees. O resultado foi uma calça de boca larga, com cinco bolsos, confeccionada com brim índigo *14-ounce ring-spun* (o mais durável do mercado). Houve também a reintrodução do macacão de brim completo com alça e bolsos laterais. Ambas as peças, por meio de sua forma e função, ajudaram a reforçar a idéia do "Espírito Indestrutível" da Lee. Finalmente, todos os elementos estavam reunidos.

Você Não Consegue Estragar

Em 25 de julho de 1997, ocorreu a apresentação da nova campanha da Lee para a diretoria. A equipe havia integrado, em um pacote estratégico, a linha Dungarees (cuja durabilidade era o destaque do produto), o "espírito indestrutível" (como estratégia norteadora para ressoar no mercado-alvo), o boneco Buddy Lee e o slogan "Can't Bust 'Em" (como iconografia para caracterizar as propagandas). Nós sentíamos que realmente todos os elementos estavam reunidos e diferenciados da Levi's e das outras marcas disponíveis no mercado.

Quando tudo já estava sincronizado com o lançamento, e tínhamos um produto totalmente novo, foi possível sentir com mais profundidade o potencial de Buddy Lee. Entretanto, como no caso do Skoda, pairava no ar uma certa insegurança quanto à solidez da execução. Acontece que as pessoas que atuam nos bastidores vêem a estratégia completa, enquanto os consumidores vêem apenas a campanha. Buddy Lee transformaria a marca Lee em alvo de ridicularização? Os consumidores se ligariam realmente a um boneco? Essa estratégia e esse ícone realmente fariam diferença? Finalmente, a Lee aceitou o risco, pois a campanha estava apoiada em sólida estratégia. Não fazer nada seria muito pior.

Para nossa equipe, o desafio era transformar essa estratégia em ação. Um de nossos principais insights sobre nosso público de jovens do sexo masculino dizia: "legal é ter a confiança e a coragem para agir de acordo com o que você diz". Ironicamente, a maioria das propagandas de jeans na época do lançamento de Lee Dungarees mostrava pessoas lacônicas, sisudas, de pé, sem fazer nada (CK, Gap) ou jovens apáticos, sem objetivo (campanha "Eles continuam", da Levi's).

Buddy Lee se destacava incrivelmente nesse cenário. Buddy Lee, o homem de ação, incorpora o espírito indestrutível de Lee Dungarees. Buddy Lee e seus Lee Dungarees mostram que você pode ir a qualquer lugar e fazer qualquer coisa. Ele suporta provas de resistência, caráter e bravura. Ele combate aqueles que são do mal, resgata criancinhas, luta contra animais selvagens, impede acidentes nos churrascos em quintais, ajuda o garoto a conquistar a menina e faz o mundo bem melhor.

A próxima questão era como atingir o público-alvo. Malcolm Gladwell ainda não havia escrito *The Tipping Point,* mas estávamos fazendo a mesma descoberta que ele no que se refere ao modo como as tendências se firmam. Pesquisas feitas por organizações como a Roper deixavam claro que o poder da propaganda de massa estava caindo e que o valor da conversa (inclusive o fenômeno emergente da conversa "de mouse para mouse") crescia cada vez mais.[5] Para o jeans, os jovens influenciadores representavam apenas 7% do mercado, mas influenciavam mais de 30% do total.[6]

Como aconteceu com o Holiday Inn Express, precisávamos ser táticos. O estigma social ligado à marca Lee exigia conquistar a maioria, começando com a minoria influente. Essa minoria era formada pelos garotos populares que

Divulgando a lenda de Buddy Lee. Este é um exemplo de propaganda veiculada em espaços publicitários pequenos, usada para construir um público para a "História de Buddy Lee". A "História de Buddy Lee" de seis minutos foi, então, colocada em ambientes como a rede E! e Comedy Central, onde se mesclava com a programação de emissoras a cabo.

atuavam no centro de seus círculos sociais e que tinham autoconfiança suficiente para andar carregando uma sacola Lee. Se a marca Lee conseguisse tocá-los, eles seriam os primeiros a adotá-la sem medo.

Sabíamos que não podíamos pressioná-los. Eles tinham de descobrir Buddy Lee por conta própria. Fizemos uma paródia de um documentário e, durante seis minutos, explicamos quem era Buddy Lee. A narrativa foi feita pelo ator Peter Graves, o que deu um tom próximo de *Biography Channel.* O documentário não fazia menção ao *jeans. Sua função era apenas* contar a história de Buddy Lee. Foi apresentado em *Comedy Central*, às duas da manhã, hora em que nossa multidão social chegava em casa, depois dos bares e festas. Para que aqueles que ditam as tendências da moda assistissem à nossa paródia, nós a anunciamos com propagandas "animadas" em jornais alternativos e usamos outros veículos selecionados, que construíram a mística e fizeram alarde muito antes que a marca aparecesse no horário nobre. Quando achamos que tudo estava pronto, passamos para um plano de mídia mais tradicional veiculando comerciais que davam vida ao nosso herói. À medida que a campanha ganhou força, desenvolvemos táticas de Internet: usamos propagandas para dirigir nosso alvo para jogos do Buddy Lee on-line, onde os jovens ficavam sabendo de códigos secretos costurados no produto Dungarees.

Buddy Lee cumpriu a promessa. Como já havia acontecido em outras campanhas, conseguimos que a cultura popular se fortalecesse. Um repórter esportivo da ESPN chamou um dos *running backs* do Philadelphia Eagles de Buddy Lee porque ninguém conseguia parar o jogador. Durante as férias escolares, em Panama City, Flórida, uma equipe de promoção de vendas da Lee estava distribuindo camisetas Buddy Lee, quando um garoto chegou correndo e mostrou, ofegante, uma tatuagem de Buddy Lee. Depois do lançamento da campanha, o preço de bonecos autênticos subiu de cerca de 100 dólares para mais de 500 dólares.[7]

As estatísticas também estavam corretas. Em 1998, primeiro ano da campanha, a lembrança deixada pela propaganda atingiu 40% e depois subiu, surpreendentemente, para 69%, em novembro de 2002. A venda para varejistas, em 1998, forneceu a primeira pista de que daríamos uma grande guinada. A direção da empresa estabeleceu uma meta bastante alta para a força de vendas da Lee: 300 mil unidades, o dobro do ano anterior. Foram vendidas mais de 700 mil.[8]

Os gastos da Lee nunca excederam a 6% da *share of voice.* Isto significa que ela nunca gastou mais do que 6% do total desembolsado pela propaganda de jeans nos Estados Unidos. Lee Dungarees, a submarca criada para salvar a franquia, agora representa 25% de todas as vendas Lee e alcançou mais de 20 trimestres sucessivos de crescimento. Frases como "legal de usar" e "para pessoas como você" passaram a ser constantemente repetidas.[9] A revista *GQ* observou,

Vídeo: Uma família corre até um abrigo seguro, enquanto um tornado se aproxima.

Menina: Deixei meu gatinho lá fora.

Vídeo: O irmão dela manda Buddy Lee procurar o gatinho.

Menino 1: Buddy Lee!

Vídeo: O gato mia.

Menina: Ah, espere, o gatinho não está lá fora!

Vídeo: A tempestade termina. Buddy Lee está atravessado no tronco de uma árvore.

Menino 2: Homem, que tipo de *jeans* são estes?

Voz : Novos Lee Dungarees.

Buddy Lee testado. Você não consegue estragá-los!

Lee Dungarees, "Twister", 1998. Parte da magia de Buddy Lee é que não há situação difícil demais (ou absurda) para ele resolver. Ele salvou uma criança de um carro desgovernado, venceu um mestre de kung fu e dançou Hip-Hop enquanto levava um choque de uma enguia elétrica. Você pode ver este comercial em www.juicingtheorange.com. Clique em "See the Work".

na edição de outubro de 2003: "Lee Dungarees. É isto mesmo, calças Lee. São legais de novo".[10]

Buddy Lee também provocou um impacto cultural na empresa. Uma nova declaração de missão com o tema *espírito indestrutível* foi gravada em uma parede da sede da empresa e todo ano ela oferece o Unstoppable Spirit Award (Prêmio Espírito Irrefreável) para funcionários de determinação incansável. O prêmio é — sim, você adivinhou — um autêntico boneco Buddy Lee.

Reduzindo a defasagem de participação de mercado

Considerando o domínio que a Levi's tem do mercado, e os problemas de imagem da Lee, esses ganhos são notáveis.

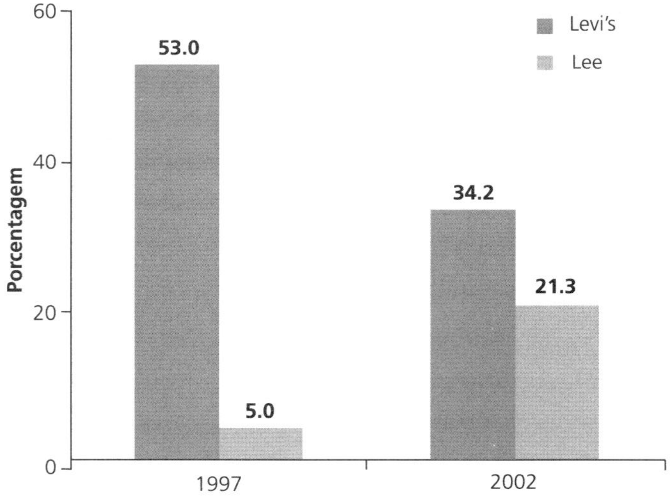

Fonte: dados da NPD Panel, 1997-2002; homens com 14-24.

Mantendo a Fé

Em 1997, se alguém dissesse que a Lee teria uma diferença de menos de 13 pontos de participação de mercado em relação à Levi's, por adotar um boneco como porta-voz, pediríamos um teste antidrogas. Mas, assim como a história do Skoda, no capítulo anterior, a campanha Buddy Lee mostra que problemas de marketing aparentemente insuperáveis podem ser resolvidos com a alavancagem criativa.

A Lee também mostra que assumir riscos estratégicos significa sobreviver e crescer. Para que a alavancagem criativa prospere, é preciso criar uma cultura interna que leve as equipes a agirem apaixonadamente em defesa de uma idéia. Embora internamente as pessoas levantassem dúvidas sobre Buddy Lee, nossa equipe nunca perdeu a fé de que ele era a resposta. Como uma equipe esportiva se motivando para uma final de campeonato, apenas imaginava como seria a vitória. E por que sabia que só o entusiasmo não bastava, reuniu, incansavelmente, as informações que apoiariam suas idéias. Em vez de levantar a voz, levantou a credibilidade.

Capítulo Sete

Renovando a Energia de uma Marca de Negócio Madura

> Não há dúvida de que a China está querendo acabar com a Internet. Boa sorte. Parece aquela propaganda da EDS. Vocês se lembram daqueles caubóis tentando pastorear um bando de gatos? Foi a melhor propaganda que vi na televisão no ano passado.
>
> — *Presidente Bill Clinton, 2000*

Em 1999, ano em que Jeff Bezos, fundador da Amazon, foi o Homem do Ano da *Time*, parecia que todos estavam capitalizando com a revolução digital. Infelizmente, o rápido crescimento não se estendeu à pioneira da tecnologia de informação, a Electronic Data Systems. Em dificuldades no mundo que ajudou a criar, a EDS, empresa responsável pelos computadores de grande porte da antiga economia, foi desvalorizada e estava perdendo cada vez mais participação de mercado para novas empresas mais ágeis e rápidas. Sua imagem de organização lenta, formal, foi perpetuada por sua história como subsidiária da General Motors e os vínculos que mantinha com seu fundador Ross Perot.

O mundo pensou que a EDS não seria capaz de entender o que acontecia. Uma das maiores e mais experientes empresas de informática do mundo, com 120 mil funcionários e receita de 20 bilhões de dólares, apesar dos vultosos contratos que mantinha com empresas conceituadas, acabou perdendo a voz no mercado.

Nossa experiência nos tem mostrado que empreendimentos B2B enfrentam essa situação com maior freqüência do que empresas que atendem ao consumidor. Como as marcas de consumo usam pesquisas permanentemente, podem detectar quando seu sinal no mercado está enfraquecendo. Um negócio de risco, B2B, por outro lado, pode nem saber que tem um problema de marca. E, se souber, certamente atribuirá seu fraco desempenho a causas erradas.

Felizmente, Dick Brown, o novo diretor-presidente da EDS, foi nosso cliente quando era executivo sênior na Ameritech, uma das empresas regionais de telecomunicações criadas pela divisão da AT&T. Brown entendia que a imagem de marca da EDS precisava ser remodelada. Embora nenhuma das empresas virtuais tentasse minar ativamente a posição da EDS, o efeito líquido do celebrado e-commerce fez a EDS parecer obsoleta. É uma realidade de *branding.* Se você não se posicionar, sua concorrência fará isso por você.

Ganhamos a conta da EDS em junho de 1999, e nosso primeiro esforço para fortalecer sua imagem falhou. Lançamos gradualmente uma campanha de televisão, para o mundo todo, que era, na melhor das hipóteses, medíocre. Tentamos mostrar que, ao contrário do que era percebida, tratava-se de uma empresa contemporânea e ágil — uma legítima integrante da era virtual. Produzimos apressadamente cinco comerciais, vinhetas do tipo Dilbert, em que os gerentes enfrentam, constrangidos, as complexidades do e-commerce. Você sabe que está com problemas quando o destaque da campanha é a frase: "Achei que havíamos concordado em continuar arcaicos".

Esse passo em falso queimou boa parte do orçamento anual de marketing da EDS. Primeiramente, culpamos as propagandas. Nada fazia com que esses comerciais chamassem a atenção — eles se pareciam com muitas outras excelentes criações mostradas na televisão. Mas havia uma falha muito mais profunda. Havíamos ignorado nossos próprios princípios para a alavancagem criativa. Não começamos do zero. Não praticamos uma redução incansável, nem procuramos uma emoção genuína. E não tínhamos uma idéia excelente. Felizmente, para todos, a EDS contrataria um novo executivo e ele nos colocaria em uma situação desconfortável. A alavancagem criativa seria essencial.

O Super Bowl Vale Isto?

Em outubro de 1999, a EDS contratou o diretor de marketing Don Uzzi, que tinha anos de experiência em marketing de consumo, tendo trabalhado para empresas como a Pepsi, por exemplo. Assim que esse agitado chefe se reuniu com a nova agência, perguntou: "Onde está meu comercial no Super Bowl?"

Ficamos surpresos com a pergunta. Tínhamos muito pouco tempo pela frente. O Super Bowl aconteceria em menos de três meses, e as empresas virtuais tinham comprado todo o espaço publicitário do campeonato de futebol americano profissional, que seria transmitido pela ABC. Mesmo assim, não recomendaríamos anunciar no Super Bowl. Em razão dos custos exorbitantes dessa extravagância, seria difícil obter uma boa compensação. O preço do tempo no Super Bowl havia dobrado nos últimos cinco anos, mas seu público permanecia o mesmo.[1]

Uzzi nem quis ouvir nossa argumentação. Ele estava acostumado com a Pepsi. E sua agência, a BBDO, sempre garantia que a marca estivesse no ar durante o Super Bowl. A Pepsi tinha uma história de dez anos como anunciante nesse evento. A princípio, achamos que Uzzi estava agindo apenas por hábito. Mas depois compreendemos que ele tinha uma razão estratégica para querer um comercial no Super Bowl. Os funcionários da EDS estavam cansados de fazer parte de uma grande empresa que não se parecia com ninguém, e Uzzi achava que, ao dar à EDS uma presença pública, conseguiria reanimar sua força de vendas.

Era um plano corajoso — na verdade, mais audacioso do que estávamos recomendando. De alguma forma, nosso departamento de mídia fez milagres e conseguimos um horário comercial no grande evento. Sem poder de negociação, porque entramos tarde, e por causa do ataque selvagem das empresas virtuais, tivemos de pagar o custo total de um comercial de 60 segundos no terceiro quarto do jogo: 4,2 milhões de dólares.

Parecia loucura, mas depois lembramos que a Federal Express havia feito seu lançamento, em 1974, com cobertura nacional. Por que usar a rede de televisão em horário nobre, para atingir poucas pessoas ligadas a departamentos de expedição de grandes empresas? A Federal Express percebeu a vantagem de tratar um empreendimento B2B como marca de consumo. E funcionou.

A campanha — produzida pela Ally Gargano, uma das agências mais procuradas da década de 70 — anunciou: "América, você tem uma nova empresa aérea. Nada de primeira classe, nem de refeições ou filmes. De fato, nem passageiros. Apenas pacotes". Lançada com um orçamento de apenas 150 mil dólares, as propagandas triplicaram o volume de remessas da Federal Express, que chegou a dez mil pacotes por noite.[2] Anunciando-se como uma nova marca e um novo negócio, a Federal Express também se tornou uma parte do negócio e da cultura de consumo, posição que só contribuiu para o seu sucesso.

Se Você For ao Super Bowl, Verifique Se a Equipe Toda Está no Ônibus

Em 1996, criamos um comercial do Holiday Inn para o Super Bowl. No ano anterior, a rede de hotéis havia investido mais de 1 bilhão de dólares para reformar suas dependências, e o diretor-presidente queria garantir que todos soubessem. Ele recomendou que de atraíssemos a atenção para o Holiday Inn de qualquer maneira.

O comercial ficou pronto em cima da hora. (O diretor-presidente o aprovou, mas não havia tempo de mostrá-lo aos franqueados.) A propaganda começa com uma reunião de ex-alunos. Vinte anos depois da formatura, nosso herói luta para identificar a loira atraente com quem está conversando. De repente, um ar de espanto toma conta de seu rosto. "Bob? Bob Johnson?", ele gagueja. "Oi, Tom", ela responde. A voz em *off* diz: "Imagine como a Holiday Inn vai ficar, quando gastarmos um bilhão."

Fred Senn, um dos autores deste livro, jogava tênis todos os sábados com um amigo que era dono de um Holiday Inn. Naquela ocasião, depois de um jogo, seu amigo o aconselhou: "Fred, os franqueados antigos vão acabar com você por causa desse comercial". Fred argumentou que a maioria das pessoas não ficaria ofendida com o travesti na reunião da escola. Mas seu amigo franqueado tinha razão.

Embora "Bob Johnson" fosse um dos comerciais elogiados pelos críticos de propaganda do Super Bowl, alguns franqueados importantes ficaram furiosos. Os executivos do Holiday Inn imediatamente retiraram do ar o comercial ofensivo. Ainda bem que os executivos do Holiday Inn assumiram a responsabilidade por nós e nos mantiveram no negócio.

Há aqui duas lições sobre riscos. Em primeiro lugar, para que o investimento no Super Bowl compense, você simplesmente tem de assumir um risco. Em segundo, há mais coisas em jogo além da audiência daquele domingo. Você precisa ter o consentimento de toda a organização para obter, a longo prazo, os resultados necessários para justificar a despesa.

O Super Bowl começava a fazer sentido para a EDS. Não podíamos argumentar contra a chance de alcançar uma audiência cativa. Juntamente com o Oscar, a festa anual de celebridades de Hollywood, o Super Bowl é o último melhor exemplo de um fenômeno que está desaparecendo: milhões de pessoas assistindo ao mesmo programa no mesmo horário. Para o Super Bowl, significa mais de 80 milhões de pessoas só nos Estados Unidos, muitas delas em festas e reuniões sociais nas quais os comerciais recebem tanta atenção quanto o jogo.

Mesmo em uma época em que o poder da mídia convencional está desaparecendo, o Super Bowl ainda é a competição de comerciais mais bonita do mundo. Há aproximadamente cinqüenta equipes por ano (em 2000, 17 delas eram virtuais). Várias publicações e sites fazem pesquisas instantâneas e divulgam, no dia seguinte, os comerciais mais populares. Os anunciantes também adoram ficar entre as piores realizações.

Isso significa que criar um comercial para ser exibido no Super Bowl é algo completamente diferente de uma incumbência rotineira para televisão. Todos se lembram do famoso comercial da Apple, produzido para introduzir o Macintosh — o clássico Orwelliano, dirigido por Ridley Scott. (Mas se esqueceram de que a Chiat/Day apareceu no ano seguinte com um esforço igualmente épico, fazendo para o Mac um comercial que aterrissou mal.) Não há meio termo. Você simplesmente precisa arrasar.

Boa Idéia, Mas Você Pode Realizá-la?

Diretores de arte experientes sempre mantêm um arquivo de metáforas na mente, para usar em determinadas ocasiões. É por isso que queremos pessoas ecléticas, colecionadoras de idéias.

Certa vez, um veterano diretor de arte da Fallon gravou um programa de Jacques Cousteau sobre elefantes que nadavam na Tailândia. Durante anos, ele tentou colocar a idéia de um elefante nadando em um de seus comerciais. Finalmente, sua chance chegou. A Coca-Cola havia alcançado um grande sucesso com alguns comerciais animados de um urso polar em férias, o que levou a empresa a pedir a todas as suas agências histórias encantadoras de animais. Nosso diretor de arte apresentou um comercial em que um elefante pega uma Coca-Cola de uma mulher em uma jangada (no comercial, o refrigerante é trocado por três amendoins). Aprovado. Ele correu o mundo e foi um grande sucesso. Até hoje, continua sendo um dos comerciais mais queridos que a agência já fez.

Para a EDS, tomamos emprestada uma metáfora de nosso trabalho para a QUALCOMM. Nela, os engenheiros comparam o trabalho de um tecnólogo de informação ao esforço de pastorear gatos. Pastorear gatos: duas palavras que fazem as pessoas rirem na hora. A frase também expressava a complexidade dos negócios da EDS. Na melhor das hipóteses, uma redução incansável. Vencer a complexidade do *e-business* é como pastorear gatos.

Tínhamos um conceito em mente: traríamos a metáfora para a vida como um épico de faroeste. Achávamos que seria uma grande idéia, embora frágil, e não a sustentamos com a estratégia intensa, rigorosa, de alguns outros *cases*. O sucesso do comercial dependeria de uma execução impecável. Havia uma chance de trazer para a vida essa metáfora do caubói de uma forma capaz de encantar o público mais amplo da televisão.

Cada passo para a efetiva alavancagem criativa exige assumir um risco calculado. Quando uma de nossas equipes de criação chega a um conceito, nós saímos de seu caminho e a ajudamos a encontrar os parceiros necessários para executá-lo adequadamente. Diretores, música, voz — ela sabe exatamente como deve ser o produto acabado.

A equipe de criação escolheu o diretor John O'Hagan para filmar o épico felino. Foi uma escolha corajosa por duas razões. Uma: a equipe nunca havia trabalhado com John, e normalmente você gosta de trabalhar com alguém conhecido, quando está sob algum tipo de pressão. Outra: John não tinha experiência em direção de comerciais épicos, nem em produção de efeitos especiais. Esses dois critérios eram óbvios no caso de pastorear gatos. O que a equipe de criação realmente gostava em John era seu senso de humor sutil. Eles queriam evitar que um comercial de alto conceito virasse um *cartoon*.

Como o objetivo era fazer uma paródia adorável do filme American West, o tom precisava ser exato. Para dar ao diretor uma noção do que queria, a equipe analisou filmes clássicos de faroeste como *Red River, The Cowboys* e *The Culpepper Cattle Co.* Também enviou a John os clipes de todas as cenas de faroeste que eram clichês: o cavaleiro solitário no alto de uma colina panorâmica, os caubóis conduzindo o rebanho para a cidade, a travessia do rio, o campo, o céu imenso e música *country*. O próximo passo na produção do comercial da EDS seria formar o elenco de caubóis. Foi decidido que trabalharíamos com os vaqueiros da região próxima a Tejan Ranch, na Califórnia.

A essa altura, o projeto estancou de repente, por ordem do diretor Dick Brown. Parece que ele havia participado de uma reunião com a diretoria de outra empresa e, quando contou aos colegas sobre o Super Bowl, eles disseram que aquilo era uma futilidade, um erro, um grande desperdício de dinheiro. Assim que voltou para o Texas, Brown disse a seus subordinados para pararem tudo.

Uma Rápida Viagem para a Subway

Se a EDS era um exemplo de estratégia peso leve, com uma execução milionária, nossa experiência com a Subway era exatamente o oposto. Em 2004, ganhamos a conta da Subway com uma estratégia sólida como uma rocha, mas a perdemos porque não conseguimos executá-la.

Utilizando uma pesquisa de mercado, chegamos a um grupo de 50 milhões de viciados em *fast-food* que comiam, na Subway, uma das vinte refeições que faziam por mês. Em grupos de discussão também descobrimos o que as pessoas acham da nutrição balanceada: elas fazem uma refeição saudável para poderem ser indulgentes em outra. Aproveitando a reputação da Subway como uma cadeia saudável de *fast-food*, concluímos que o mercado-alvo poderia responder a um convite para "se comportar bem" na Subway e depois "abusar" em outros restaurantes. Se pudéssemos fazer as pessoas irem à Subway mais de uma vez por mês, suas vendas cresceriam 50%.

Os comerciais falavam claramente de nutrição balanceada, mas o problema é que nunca conseguimos passar a mensagem com a voz certa. Nossas propagandas eram da melhor qualidade. Por exemplo, um dos comerciais mostra um homem confrontando sua esposa que toma um pote de sorvete de 250 gramas. "Tudo bem", ela diz, "mas eu almocei na Subway". Mais tarde, o homem está lavando o carro da família e veste uma roupa de líder de torcida. "Tudo bem", diz ele à mulher horrorizada. "Eu comi na Subway!" Duas semanas depois do lançamento da campanha, as vendas aumentaram (após 18 meses de queda) e a média de vendas da loja subiu 12%. Mas nossas propagandas causavam opiniões muito divergentes. Elas incomodavam as pessoas. Nove meses depois de ganharmos a conta, a perdemos. Uma excelente estratégia é desperdiçada, se você não dá vida a ela com uma criatividade igualmente excelente.

Logo ficou claro que parar a produção seria dolorosamente caro. Além da perda potencial de pelo menos 1 milhão de dólares para liberar o horário da mídia de volta ao mercado, a empresa enfrentaria uma multa de 50% por cancelar a produção. Essa multa custaria várias centenas de milhares de dólares. Parar nesse ponto poderia custar entre 2 e 3 milhões de dólares — e ir em frente custaria mais de 6 milhões de dólares, uma parte considerável do orçamento da EDS para 2000.

Nosso diretor de contas telefonou para Uzzi e lhe deu as opções. Para seu crédito eterno, Don tomou a dura decisão no ato. "Vá, mas me prometa que estaremos entre os dez primeiros em 31 de janeiro".

O projeto foi reiniciado quando a equipe de criação estava saindo do hotel, à beira da estrada, perto do rancho onde gravavam. O tempo estava gelado demais. Graças a Deus tivemos caubóis verdadeiros, e não atores de Hollywood.

Muito Antes de Pastorear Gatos, Pastoreávamos Frangos

Um de nossos primeiros clientes foi uma empresa local chamada Gold'n Plump Chicken. Ao norte do Meio-Oeste, a Gold'n Pump era a única que vendia frango com marca nos balcões de açougue. Além disso, fornecia aves mais frescas. Ao contrário dos frangos sem marca, que chegavam dos estados sulinos depois de longas horas de viagem, e precisavam ficar guardados na câmara frigorífica, as aves da Gold'n Plump eram criadas na redondeza.

A publicidade aceita na época, para a categoria, mostrava a mãe tirando do forno frangos dourados e quentinhos para a sorridente família de quatro pessoas. Fizemos uma mudança. Nosso *storyboard* pedia uma guerra na qual os frangos criados na cidade da Gold'n Plump — vestidos para o combate — protegiam as fronteiras da invasão dos frangos do Sul.

Outra norma da categoria era nunca mostrar uma ave viva. Poderíamos ter feito uma animação, mas nos decidimos pela versão documental. Montamos um cenário com trincheiras e pequenos tanques de guerra para a cena da grande batalha. (Isso foi anos antes dos magos em efeitos especiais de Hollywood imaginarem como fazer tudo isso digitalmente.) Encontramos um "treinador de frangos" do departamento de agricultura da Universidade de Minnesota, e ele conseguiu montar a cena para nós.

O comercial foi um tremendo sucesso para a Gold'n Plump. Em seis meses, a participação de mercado da empresa subiu 13% em Minnesota. O comercial captou a atenção dos donos de açougues e recebeu menções na imprensa — tudo porque uma idéia não ortodoxa foi executada com zelo.

Sob a eficiente direção de nosso treinador-chefe de gatos, adquirimos todos os gatos adestrados de Hollywood. O treinador teve apenas duas semanas para preparar 60 gatos para o papel. A única coisa que você consegue de gatos é fazê-los correr uma curta distância em linha reta em direção a um som. Um por vez, não em bandos. Hoje, usaríamos efeitos especiais para obter o que os gatos nunca fazem naturalmente: correr em bando junto com cavalos.

Assim que vimos a edição preliminar, ficamos muito contentes. Sabíamos que esse comercial teria uma boa repercussão. Restava saber até onde o cliente

"Exército de Frangos", Gold'n Plump, 1982. Os frangos de Minnesota preparam-se para defender a fronteira. Você pode ver este comercial em www.juicingtheorange.com. Clique em "See the Work".

estaria disposto a ir com ele. Os clientes sempre apostam mais no trabalho que nós. Estão em jogo a reputação de sua marca, seus objetivos de marketing, seus currículos e seu dinheiro. Na propaganda da abertura de nossa agência, em 1981, escrevemos: "A propaganda excelente é, e sempre foi, criada em parceria com excelentes clientes". Não há nada mais verdadeiro do que defender grandes idéias.

A alavancagem criativa exige fortes defensores. Às vezes essa pessoa é uma alma gêmea. Por exemplo, John Felt, o diretor de relações públicas da U.S. West, era dono de um espírito criativo que você não esperaria encontrar na burocracia maçante de uma empresa de telefonia. Nosso trabalho para a U.S. West, sob sua direção, tornou-se um *case* de propaganda corporativa efetiva.

Em nossos *cases* de maior sucesso, nossos clientes agiram como verdadeiros colaboradores para se certificarem de que uma solução criativa não morreria na praia. Quando a idéia do comercial do caubói se espalhou dentro da EDS, nossos clientes tiveram de ficar firmes. A EDS era uma empresa do Texas, e vozes fortes dentro da empresa lutaram contra a propaganda, com medo de que ela reforçaria

Aqueles que pastoreiam gatos adoram seu trabalho. A propaganda da EDS para o Super Bowl fez uma paródia de filmes clássicos onde os boiadeiros conduzem o gado, para transmitir a mensagem de que gerenciar um e-business é como pastorear gatos; uma metáfora visual forte que é difícil de ignorar, e fácil de lembrar.

o estereótipo do caubói do Texas. Mas nossos defensores internos nos ajudaram a seguir em frente.

Hora da Apresentação

Para que um empreendimento B2B como a EDS se beneficie de um comercial durante o Super Bowl, é preciso que os temas da propaganda estejam integrados em toda a organização. Para garantir que o comercial de sessenta segundos da EDS desse a Dick Brown o impulso organizacional de que precisava, ele lançou uma campanha interna bem antes do Super Bowl. "Herding Cats" (Pastoreando Gatos) pretendia relançar a marca EDS, reenergizar seus 120 mil funcionários e ajudar a empresa a recuperar seu lugar de direito em uma categoria que se tornara popular, barulhenta e lotada.

Brown e sua equipe executiva também fizeram tudo que podiam para tornar "Herding Cats" mais um evento do que um comercial. Uma semana antes do jogo, vestiram jaquetas de caubói e exibiram o comercial para 45 escritórios da EDS em todo o mundo, por videoconferência. A agência de RP da EDS fez contato com a imprensa, e o *Wall Street Journal* colocou uma matéria exclusiva sobre como foi feito o comercial e de que modo a EDS estava usando essa ocasião para relançar a marca.[3] A EDS até divulgou o documentário "The Making of Cat Herders" (O *making of* de Pastores de Gatos) em alguns canais que estavam ansiosos para pegar uma carona no Super Bowl.

Trabalhamos a expectativa do jogo com tanto empenho que, em muitos aspectos, o cliente captou o valor investido muito antes da veiculação do comercial. Toda vez que a imprensa mencionava a história de "Herding Cats", ela não só validava os esforços de reposicionamento da marca EDS, como também ajudava a criar um impulso para a força de vendas.

Quando finalmente "Herding Cats" teve sua chance de brilhar, imediatamente tornou-se um clássico. Mais de duzentos canais de transmissão e mais de 250 fontes escritas mencionaram a propaganda. O *New York Times* publicou que "Herding Cats" era "um comercial inventivo que transmitia com eficiência a dificuldade representada pelas tarefas tecnológicas".[4] A cobertura do comercial, feita pela *Brandweek,* foi intitulada "O Melhor do *Show*".[5]

Com mais de 1 milhão de acessos por dia, o tráfego no site da EDS bateu todos os recordes anteriores, recebendo e-mails de funcionários da empresa espalhados por todo o mundo. "Herding Cats" devolveu o brilho ao logotipo da EDS.

Seis meses depois da propaganda no Super Bowl, o CEO Dick Brown declarou: "A produtividade de nossa força de vendas é duas vezes maior que a de um

Homem 1: Este homem aqui é meu avô. Ele é o primeiro pastor de gatos de nossa família.

Homem 2: Pastoreando gatos. Não deixe ninguém lhe dizer que é fácil.

Homem 3: Qualquer um pode pastorear gado. Manter dez mil fios de cabelo rebeldes em ordem, já é uma coisa totalmente diferente.

Homem 4: Conduzir gatos talvez seja a coisa mais difícil que eu já fiz.

Homem 5: Eu peguei este esta manhã. E se você olhar para a cara dele [pausa], ele está acabado!

Homem 6: Você vê os filmes, você ouve as histórias — estou vivendo um sonho. Nem todos podem fazer o que nós fazemos.

Eu não faria nada mais.

Não é uma tarefa fácil, mas quando você conduz um rebanho para a cidade e não perde nenhuma cabeça, não há sensação melhor no mundo.

Assinatura: Num certo sentido, é isto o que fazemos. Reunir informações, idéias e tecnologias e fazê-las chegar aonde você quer.

EDS solved.

eds.com

"Pastores de gatos" da EDS, 2000. Da tomada de abertura até a última, este comercial é uma homenagem adorável ao grande American Western, mas com gatos no lugar de gado. A premissa é adotada com total compromisso, visto que homens grisalhos cuidam de arranhões de gato, escovam a roupa para tirar o pêlo do gato, brincam com um novelo de lã e, então, desaparecem ao pôr-do-sol. Rebanhos de gatos gerados por computador são infalíveis, mas o que realmente faz as propagandas funcionarem, além do elenco, é a atenção a detalhes que são evidentes em cada tomada. Você pode ver este comercial em www.juicingtheorange.com. Clique em "See the Work".

ano atrás". Um ano antes, provocaria risos imaginar um artigo sobre a EDS em *Fast Company*. Ele saiu em outubro de 2001 (com o título: "Como a EDS Conseguiu Recuperar suas Atividades") e explicava como o mastodonte havia jogado e vencido a batalha para reanimar suas vendas.[6]

Depois da estréia triunfante do comercial, a EDS tratou "Herding Cats" com bastante carinho. Muitos anunciantes esgotam seu melhor trabalho, principalmente quando estão atrás de mercados-alvos B2B ou outros com população muito densa. Quantas vezes, ao assistir seu jogo favorito pela televisão, como o Grand Slam, uma competição de tênis, você viu o mesmo comercial sete vezes em uma hora? Nossa estratégia foi usar "Pastoreando Gatos" com parcimônia. Só o colocávamos no ar durante eventos que tinham pelo menos uma participação de dois dígitos do público nacional, como as eliminatórias do NBA. Acreditamos que se você tiver sorte suficiente para conseguir uma propaganda de alta potência, não vai precisar aumentar a dosagem.

"Herding Cats" era exibida poucas vezes, mas as pessoas não tinham dificuldade de se lembrar dela. Antes do Super Bowl de 2005, a rede transmitiu os comerciais mais populares de todos os tempos. A EDS ficou em segundo lugar, perdendo apenas para a propaganda maravilhosa em que um garoto oferece sua Coca-Cola para Mean Joe Green e recebe, em troca, uma toalha usada no jogo.

Tendo feito o que precisava na TV, a EDS começou a alavancar sua metáfora que captava a atenção de maneiras mais inteligentes. Se você fosse à feira Comdex, em Las Vegas, naquele mês de junho, veria "Herding Cats" no Jumbotron, no Centro de Convenções. No estande da EDS, você receberia uma foto tirada com um caubói que havia participado da filmagem.

E a Casa Branca pediu uma cópia do comercial.

Jogar para Ganhar

Pena que poucos profissionais de marketing tenham a chance de participar de uma história. Quando fazemos uma apresentação a um cliente novo, ficamos sempre reconfortados ao ver alguém experiente defendendo grandes idéias de marketing que valeram a pena. Assim como uma equipe de esportes precisa de alguns jogadores que estiveram nos jogos eliminatórios, uma equipe de marketing precisa de profissionais que entendam o trabalho difícil e o compromisso necessário para se obter o máximo de uma idéia. Esses veteranos trazem para sua equipe a confiança de um vencedor.

À primeira vista, o sucesso de "Herding Cats" parece ser devido à execução e à qualidade artística da propaganda, que foi um fator-chave. Mas a campanha não teria profundidade sem o apoio de todos da EDS. A direção aceitou a metáfora de coração aberto, mesmo antes de o comercial ir a público. O pessoal de RP garantiu que fosse uma história de negócios oportuna. A força de vendas assegurou que os clientes da EDS se envolvessem com a história. A colaboração de todos eles foi essencial. Nossa agência fez uma excelente propaganda, mas o cliente fez dela uma alavancagem criativa.

Capítulo Oito

Escolhendo a Melhor Mídia para a Mensagem

Os Estados Unidos têm, provavelmente, o mercado de automóveis mais competitivo do mundo. Ninguém gasta mais dinheiro em propaganda do que os fabricantes de automóveis — 18,4 bilhões de dólares por ano. No horário nobre da televisão, em qualquer dia da semana, os espectadores assistem a mais de duas dezenas de comerciais de carros, às vezes um em seguida do outro.[1] Se você for um participante menor, como nossa cliente, a BMW, é fácil perder nessa briga.

Uma pequena empresa em terra de gigantes, a BMW é totalmente independente, e se mantém firme entre as empresas de automóveis mais lucrativas do mundo. No mercado norte-americano, tem menos de 2% de participação. Já na Europa, tem 5%.[2] Em 1992, vendeu apenas 54 mil veículos na América do Norte. Em 2005, foram 266 mil.

O orçamento de propaganda da BMW é apenas 1% acima do gasto total dos fabricantes de carros.[3] Ainda assim, a marca tem um desempenho muito maior do que o número indica. Em um cenário de marketing automotivo com "financiamento sem juros", "descontos a todos os funcionários" e carros fazendo curvas fechadas ou correndo por estradas estranhamente vazias que cortam montanhas, a BMW aprendeu a espremer a laranja, em parte, graças à forma como adota a alavancagem criativa.

A empresa escolheu participar apenas da categoria *premium*, ou seja, concentra-se na qualidade e não na quantidade. Compete *tête-à-tête* com o Lexus (marca *premium* lançada pela Toyota em 1989) e com o Mercedes-Benz (fabricado pela Daimler-Benz, que se fundiu com a Chrysler em 1998). Os clientes que compram carros dessa classe estão dizendo algo sobre si mesmos. Esses carros representam o prazer máximo de dirigir. Principalmente para aqueles que não sabem nada de turbos e não querem se preocupar com o controle de estabilidade.

O desafio, para um fabricante relativamente pequeno de carros *premium* como a BMW, é fazer com que a voz de sua marca seja extremamente forte. A empresa precisa nutrir a imagem *premium* e, ao mesmo tempo, mostrar que o desempenho de seus carros se diferencia dos demais.

O Que James Bond nos Ensinou Sobre Marketing

Assim que começamos a trabalhar com a BMW, no início de 1995, seus executivos nos pediram que lançássemos o novo carro esporte Z3, que estaria nas concessionárias na primavera seguinte. Desde 1990, o Mazda Miata era o único carro esporte verdadeiramente acessível na tradição clássica inglesa de carros como Triumph, Austin-Healy e MG. No entanto, o BMW queria bater tanto o Mercedes quanto o Porsche na comercialização de um carro sexy, bem planejado, de dois assentos. E teria o preço justo. O desafio seria introduzir esse carro nos Estados Unidos sem investir 40 milhões de dólares, que é o orçamento médio de lançamento para qualquer carro novo nesse mercado.

A BMW já havia tomado uma decisão importante em relação à divulgação do produto. Feito sob encomenda por "Q", com todos os sistemas de armas concebíveis, o Z3 seria o novo carro de James Bond em *Golden Eye*. A BMW forneceu protótipos para a produtora de filmes MGM e concordou em promover o filme na propaganda de lançamento do Z3, semanas antes da estréia. Esse acordo foi a peça fundamental para o lançamento do carro. Nossa função era criar as propagandas.

A BMW se desculpou por nos dar esse projeto como primeira atribuição. Agência nova, tínhamos de atender tanto à MGM quanto à BMW — duas empresas com objetivos completamente distintos e culturas bem diferentes —, para não mencionar o legado de James Bond.

Nossa equipe de criação apostou na ligação afetiva que os cinéfilos tinham por 007. Nossa história contava que toda a Inglaterra estava aborrecida porque o agente secreto preferido de Sua Majestade havia trocado o Aston Martin, um carro inglês, pelo Z3, alemão. Nosso primeiro *storyboard* mostrava a própria rainha em prantos porque James Bond escolhera um BMW. Isso quase não foi muito longe. A família Broccoli, que detinha os direitos de produção de Bond, era amiga da família real britânica. Felizmente, tanto o pessoal da BMW quanto o da MGM adoraram a abordagem, e então conseguimos resolver as questões diplomáticas e manter o tema. Mudamos o endereço da propaganda para a Casa dos Lordes, onde um membro anunciava: "Meus Senhores, hoje temos notícias que abalam a própria Inglaterra. James Bond está dirigindo um BMW — e na contramão". (Para ver este comercial, acesse www.juicingtheorange.com. Clique em "See the Work".)

O Z3 aparecia apenas em duas cenas curtas do filme — um total de 90 segundos na tela —, mas a promoção cruzada deu a *Golden Eye* a maior bilheteria de estréia, em fim de semana, da história da MGM. A BMW quase dobrou sua meta de pedidos antecipados. Conseguimos um dos lançamentos de maior sucesso do ano por uma fração dos 40 milhões de dólares normalmente exigidos.

A parceria entre Bond e a MGM serviu como um prelúdio importante para os filmes da BMW. Os executivos de marketing da empresa provaram a si mesmos e ao mundo que não era preciso seguir as convenções da categoria para lançar um modelo novo. Pela perspectiva da agência, conseguimos sentir um certo "ar" de Hollywood e vimos como isso poderia nos ajudar a romper com as cláusulas restritivas da propaganda automotiva.

Dirigindo na Internet

Em 1999, houve problemas com a campanha lançada em 1997 para enaltecer as vantagens de desempenho do BMW. A pesquisa *tracking* nos garantiu que a percepção das pessoas em relação ao desempenho do BMW estava aumentando, e as vendas continuavam fortes, enquanto os concorrentes com orçamentos maiores copiavam nosso estilo. A Mitsubishi, por exemplo, usava o mesmo tipo de fotografia preto-e-branco, o mesmo estilo de edição, e formatos musicais idênticos aos que havíamos introduzido ao trabalhar com a BMW. Nosso *share of voice* no mundo da propaganda de automóveis para televisão ainda era de 1%. Se começássemos a ficar parecidos com os demais, nos tornaríamos invisíveis.

Precisávamos de algo original. O verão de 2000 se aproximava e não havia planos imediatos para um modelo novo. A mensagem básica de marca da BMW — "Última Palavra em Máquina de Dirigir" — não seria mudada, mas precisávamos apostar em uma nova forma de expressá-la. Os clichês da categoria de automóvel de alto desempenho — rapidez, estradas molhadas, pedras — estavam proibidos. Felizmente, Jim McDowell, vice-presidente de marketing da BMW, escancarou a porta e nos desafiou a começar do zero.

Nossa equipe de criação, responsável pela conta da BMW, acabara de completar uma filmagem grande, complicada, dirigida por Tim Burton (*Eduardo Mãos-de-tesoura, Batman, O Retorno, Sleepy Hollow*) para os relógios Timex. Fizemos dois comerciais tipo *Matrix* para um modelo Timex chamado i-Control. A campanha também incluía um componente da Internet, envolvendo cartões virtuais dos vilões e dos heróis que apareciam nos comerciais. Esses cartões eram, na realidade, minifilmes de ação que apresentavam as funções do relógio.

O trabalho com o Timex estimulou uma solução quase impensável para a BMW: e se transmitíssemos minifilmes de ação na Internet, em vez de fazermos comerciais de 30 segundos na televisão?

Parecia ser um momento oportuno. Ao mesmo tempo, sentíamos a idéia ainda um pouco distante de nós. Todos estavam aderindo à Internet, mas, em muitos sentidos, nós, profissionais de marketing, continuávamos avaliando até que ponto os consumidores faziam uso efetivo da tecnologia. Além disso, a tecnologia dava aos consumidores muito mais opções, e eles se desvencilhavam do marketing indesejável, apagando os emissores e os destinatários das mensagens. Na Fallon, discutíamos intensamente como fazer da Internet uma ferramenta para a alavancagem criativa.

Por exemplo, foi impossível não notar o sucesso do comercial do Victoria's Secret para o Super Bowl de 1999. O único propósito da propaganda era direcionar o público para o site dos modelos de um desfile de modas a ser realizado em breve, em Nova York. Antes do final do jogo, o site teve mais de 1 milhão de acessos — o tráfego foi tão intenso que provocou falha na conexão. As ações da entidade-mãe, a Intimate Brands, tiveram uma alta de 10% naquela semana.[4]

(Os céticos podem torcer o nariz. Mas como a Wall Street poderia ignorar a atenção do público, despertada pela campanha do Victoria's Secret?)

As pesquisas mostraram para a BMW que seu público-alvo — homens entre 25 e 35 anos — estava na rede de forma significativa. Os compradores de carros de luxo usavam cada vez mais a Internet para pesquisar. E os compradores de BMW encabeçavam a lista. Em 2000, 85% navegavam na Internet para reunir informações, antes de fazer negócio nas concessionárias.[5] Nossos profissionais concluíram que esse era o sinal definitivo de que os clientes da BMW não só seriam receptivos ao uso inovador da Internet, como também o aplaudiriam.

A eficiência da mídia televisiva decaía a olhos vistos nesse segmento da população, o que deixava McDowell, da BMW, cada vez mais frustrado com a ineficiência da televisão. Defensor precoce da Internet, anos antes ele já havia declarado que o novo meio em expansão determinava uma "missão crítica" para a BMW. Em 1996, a BMW ganhou vários prêmios pelos sites criados por nós. Em 1999, um levantamento feito pela AMCI, uma empresa de pesquisa de automóveis, classificou o site da BMW em primeiro lugar entre 41 sites de automóveis.[6] McDowell cuidou para que as iniciativas da BMW na rede não ficassem em segundo plano. Enquanto algumas organizações se envolviam apenas superficialmente, McDowell cuidou para que suas campanhas na Internet fizessem parte do orçamento geral de mídia, para que os recursos ficassem disponíveis com maior rapidez.

O Planejador de Mídia Enfrenta Muitas Limitações. Conheça o Planejador de Conexão.

No livro *The Experience Economy*, de 1999, Joe Pine e Jim Gilmore, professores de Harvard, propuseram a seguinte tese: a experiência de seu cliente com a sua marca é uma parte da oferta econômica de sua empresa, que vai além do produto ou serviço. A experiência tem sua própria proposição de valor[a]. Nossa teoria resultante é que a maneira como as pessoas vivenciam sua marca precisa ser levada em conta pelo seu plano de comunicação de marketing. À medida que a propaganda evolui, uma agência se preocupa cada vez mais em criar experiências, enquanto faz propagandas.

Em 1999, criamos um novo cargo na agência: o planejador de conexão. Ele vai além do tradicional planejamento de mídia, para encontrar ligações emocionais entre determinada marca e o cliente. O planejador de conexão começa onde o planejador de mídia termina. Eles buscam os lugares onde as marcas e as pessoas se encontram no mundo real. Depois, procuram conectá-las de uma forma muito mais convincente e envolvente do que faz a propaganda convencional.

Por exemplo, para a Virgin Mobile, nossos planejadores de conexão observaram que o meio de comunicação mais poderoso eram os próprios clientes da empresa, garotos altamente sociáveis, que se comunicam constantemente com seus amigos. Agora, o Virgin Mobile recompensa aleatoriamente seus clientes com serviços adicionais, como envio de mensagem de texto ou *ring tones* gratuitos — de maneira inesperada. Em conseqüência, eles conversam com os colegas sobre como sua empresa de telefonia é excelente e como os influenciadores do Lee Jeans movem o mercado a favor da Virgin Mobile.

Por meio de um estudo de pesquisa de canais cruzados conduzido em nome da Nordstrom, descobrimos que as mulheres muito ocupadas queriam mais do que simples detalhes dos produtos, quando compravam pela rede. Elas desejavam uma orientação, pois embora adorem moda, não têm tempo para ir ao shopping. Por isso, usam a Web como substituta das experiências de compras.

Elas esperam que a experiência seja divertida como na loja, uma forma agradável de aproveitar o pouco tempo de que dispõem. É por essa razão que estamos experimentando meios de levar moda, música e inspiração diretamente para a mesa de trabalho dos compradores. E o mais importante: em um formato que lhes permita fazer pesquisas de compras. Assim, ao resolver não investir em propaganda de televisão, que é menos relevante, a Nordstorm realiza o que sabe fazer de melhor. A empresa se dedica aos seus melhores clientes, enquanto torna a experiência de compra verdadeiramente agradável.

Um planejador de mídia tradicional poderia recomendar a um fabricante de carros de luxo que mostre seu novo cupê brilhante na *Architectural Digest.* A propaganda entraria em uma edição com assuntos afins. O pagamento de um valor adicional seria suficiente para adequar o tema da propaganda ao editorial da capa. O único problema é que cada carro de luxo faz exatamente a mesma coisa.

O planejador de conexão começa onde o planejador de mídia termina. O planejador de conexão trabalha para criar, no mundo real, oportunidades que tenham mais credibilidade e sejam mais envolventes que a propaganda convencional. Um planejador de conexão recomenda, por exemplo, que a BMW convide alguns entusiastas para uma experiência de dirigir em lugares onde possam forçar os carros de luxo até seu limite máximo, e assim experimentar a diferença que caracteriza um BMW, já que a mística da marca é dirigir. Essa idéia poderia forçar a agência de propaganda a utilizar dinheiro do orçamento de mídia para subsidiar o evento. É o que deveria acontecer, se a experiência de marca fosse mais efetiva que uma campanha de televisão.

---

a. B. Joseph Pine II e James H. Gilmore, *The Experience Economy: Work is Theatre and Every Business a Stage* (Boston: Harvard Business School Press, 1999).

Você Pensa Que Podemos Alcançar Guy Ritchie?

Quando começamos a pensar no conteúdo dos filmes, imediatamente nos deixamos levar pelas incríveis perseguições de carros em filmes como *Bullitt, The French Connection* e *Ronin*. São cenas fascinantes e memoráveis e, se você realmente adora carros, quase hipnóticas. A equipe pensou que, se pudesse captar a emoção de uma perseguição de carros de Hollywood na Internet, o público-alvo da BMW procuraria ver os filmes. Uma ligação emocional não tem de ser profunda para ser efetiva.

A idéia final era produzir cinco episódios sobre um motorista profissional que é contratado para ajudar alguém a sair de uma situação difícil. "O motorista" seria a personificação da mensagem de desempenho da BMW. Com elegância sutil, ele sobrevive a esses cenários impossíveis utilizando poucas palavras e movimentos suaves. Nós criamos realmente um dossiê para ele (uma história do registro e das credenciais do motorista), descrevendo em detalhes como ele havia se tornado tão realizado e misterioso. Chamaríamos a campanha de "The Hire".

Levamos 30 minutos para explicar a idéia. Jim McDowell e sua equipe levaram apenas três minutos para aprová-la. Ficamos assustadíssimos. Teríamos de realizar os filmes, passando da teoria para a realidade em apenas 5,6 segundos.

Desde o início, uma de nossas decisões estratégicas mais importantes foi que os filmes se sustentariam como legítimo entretenimento. Eles teriam de atender aos padrões de uma produção hollywoodiana de grande orçamento, ou seja, precisávamos nos preocupar com os atores, além de definir como os filmes seriam comercializados e assistidos. Se ficassem parecidos com os produtos de uma agência de propaganda, ninguém se interessaria. Como não estávamos exibindo filmes, mas convidando pessoas a assisti-los em um site, eles teriam de ser bons a ponto de serem acessados. Uma forma de nos atermos a essa idéia foi inverter o gasto normal entre produção e mídia. Planejamos investir 75% do orçamento de campanha para produzir os filmes, e apenas 25% em mídia, o suficiente para dirigir o tráfego para o site da BMW.

Sabíamos que a melhor forma de sinalizar que tínhamos verdadeiros minifilmes de ação, seria contratando diretores famosos. Com a ajuda de roteiristas de Hollywood, criamos cerca de quinze *scripts* e pedimos aos diretores que escolhessem um. Quase todos estavam intrigados com o impacto potencial da Internet em sua área de atuação. Havia a oportunidade de experimentar.

Também queríamos conseguir o ator certo para o papel principal — não necessariamente um astro, mas alguém com certo poder pessoal. Clive Owen foi nossa primeira opção, com base em sua interpretação no filme *Croupier*, de 1998. Ele tinha o toque certo de seriedade e mistério, além do sotaque inglês acrescentado à história.

A sorte também estava do nosso lado: o sindicato dos roteiristas entrou em greve. Então, os melhores diretores de Hollywood, de repente, ficaram com janelas em suas programações. Dessa forma, podiam assumir facilmente um projeto curto. O falecido John Frankenheimer (*Ronin, The Manchurian Candidate*) assinou o contrato, e outros logo se seguiram: Ang Lee (*Crouching Tiger, Hidden Dragon*), Wong Kar-Wai (*In the Mood for Love*; *Happy Together*), Guy Ritchie (*Snatch; Lock, Stock e Two Smoking Barrels*) e Alejandro González Iñárritu (*Amores Perros*).

Apesar de nossa sorte, "The Hire" era tão diferente da propaganda tradicional, que parecia que tínhamos começado um novo negócio. Especialistas em Internet da Fallon sentaram-se com redatores, diretores de arte e designers de produção da agência. Embora a colaboração seja um de nossos *slogans*, essa foi a primeira vez em que reunimos todas essas diferentes áreas.

Para o cliente, trabalhar com diretores de filmes de primeira linha significava abrir mão do controle. Por ter produzido comerciais de televisão durante 30 anos, a BMW desenvolveu um processo razoavelmente rígido. Todas as cenas com o carro foram cuidadosamente montadas e cronometradas. Havia normas. Todas as *regras de trânsito deveriam ser obedecidas.* O cinto de segurança era obrigatório. E para que a veiculação fosse liberada, os comerciais deveriam atender a uma exigência legal: os carros não poderiam parecer que corriam acima da velocidade permitida, caso contrário seria obrigatória a legenda informativa de que o filme usava motoristas profissionais dirigindo em circuito fechado. Só depois de todas essas determinações os diretores talentosos puderam controlar a filmagem. Os carros ficavam sujos, danificados, e eram filmados como a aventura exigia.

Nossa experiência com Bond nos ajudou a preparar o terreno. O *modus operandi* de Bond sempre foi destruir alguns carros caros em cada filme. No início, houve dificuldades para o pessoal da BMW aceitar isso. Você pode imaginar as discussões entre os produtores dos filmes e os executivos da BMW: "Os *air bags* devem se abrir quando o carro bater forte"; "Mas o *script* exige que Bond continue dirigindo". No caso de "The Hire", os profissionais de marketing da BMW, se não estavam completamente à vontade, pelo menos estavam preparados para a maneira como os produtores tratariam seus carros no *set*.

Questões sobre como os carros seriam tratados não eram o único fator complicador. Os diretores não queriam seguir o *script*. Os filmes não podiam sair das fronteiras corporativas, durante a fase de teste. O cliente convidou o editor de *Car and Driver* para acompanhar a filmagem, mas o contrato de Madonna tem uma cláusula que proíbe a entrada da imprensa no *set*. Sob a mão firme de Jim McDowell, a equipe reagiu a esses desafios e desenvolveu uma destemida versatilidade. A colaboração — freqüentemente associada a tornar um processo mais lento — era a única forma de manter tudo funcionando pontualmente.

Se "The Hire" fosse um fracasso, não seria por nossa causa. Os filmes estreariam na Internet, mas fizemos a campanha de marketing como se fossem filhos legítimos de Hollywood. Veiculamos propagandas em publicações dedicadas a cinema. Anunciamos em *Variety* e *Hollywood Reporter*. Produzimos comerciais de televisão parecidos com *trailers* de cinema. Fixamos imensos cartazes do filme nos locais mais destacados da cidade. Se nossa experiência funcionasse, os comentários saídos de Hollywood dariam credibilidade aos nossos minifilmes.

Em março de 2001, apresentamos uma edição do primeiro filme aos revendedores. Alguns não acreditaram no poder da Internet para mudar seu negócio. Outros ficaram curiosos. Outros ainda se mostraram aparentemente indiferentes. É que havia longas listas de espera. Portanto, "deixar de passar" na televisão não os preocupava tanto. Seria um problema se seus pátios estivessem lotados. Um revendedor da Costa Oeste perguntou: "A Mercedes ou a Lexus está fazendo alguma coisa parecida?" Respondemos que não. "Então, sigam em frente", disse ele.

Crescendo. Sim, é imenso, mas a beleza desse *outdoor* para "The Hire" está em como ele imita as convenções de um cartaz de filme de Hollywood. Esses filmes estrearam em seu computador, mas você acreditaria que eles passariam numa sala de cinema.

Será Que Alguém Vai Ver Minifilmes no Computador?

"Ambush" (Emboscada), o primeiro filme da série, estreou em 25 de abril de 2001. O acesso ao site começou antes que ele estivesse liberado para o público, e isso gerou, na Internet, conversas entre aficionados por cinema e carros. Divulgamos, para os jornalistas que faziam matérias sobre Hollywood, quem eram os diretores envolvidos, esperando que eles cobrissem os filmes sem considerá-los mera propaganda. Funcionou. Foram aceitos como minifilmes inovadores — entretenimento legítimo.

Para qualquer outra empresa, a reação positiva do público seria uma vitória. Mas a BMW não se impressiona tão facilmente. Ela se sente bem com as inovações, mas exige excelência e odeia ineficiência. Como sempre acontece em uma empresa de engenharia, seus executivos avaliam tudo. Eles queriam saber como podíamos comparar a eficiência dessa abordagem em relação a uma campanha tradicional na televisão. Tivemos de responder a essa pergunta.

Críticas Positivas

"Uma estréia decididamente original foi organizada por um estúdio ainda mais singular em Cannes — onde há exibição contínua de tudo o que é novo e interessante no cinema mundial. O estúdio? A BMW of North America, conhecida amplamente como uma das maiores fabricantes do mundo de luxo sobre rodas, entrou no ramo de produção de filmes." *Movie Maker Magazine*, outono de 2001.

"Surpreendentemente efetivo." *New York Times*, 16 de junho de 2001.

"A nova mídia mais recente." *Time*, 7 de maio de 2001.

"*****Emocionante." *Variety*, 3 de maio de 2001.

"A BMW descobriu ouro." *USA Today*, 19 de junho de 2001.

"Os filmes superaram as expectativas." *News Media*, 30 de maio de 2001.

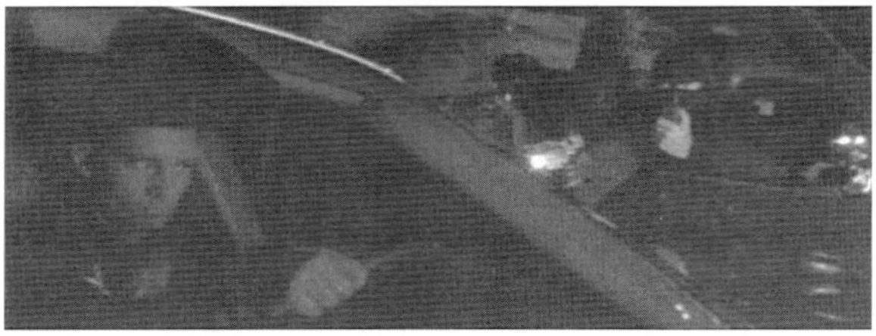

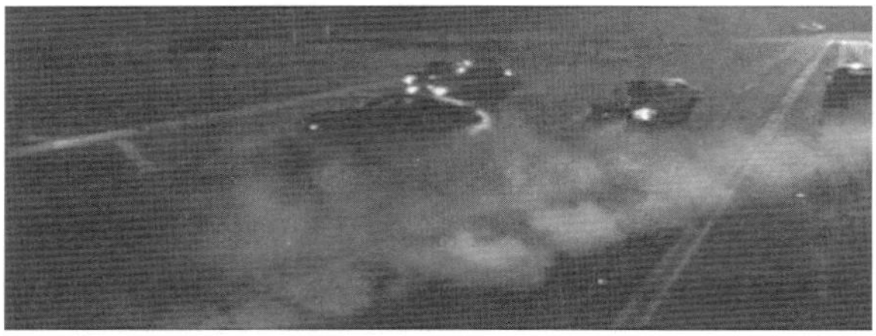

Filmes BMW, "Ambush", 2001. Quando terroristas mandam o motorista entregar seu passageiro, nosso herói enfrenta uma escolha simples: lutar ou fugir. O diretor John Frankenheimer e o astro Clive Owen combinaram seus talentos para criar uma perseguição cheia de tensão que os aficionados pela BMW adoram.

Frankenheimer foi perfeito nesse primeiro filme da série BMW. Ele teve respeito por seus colegas que fizeram filmes como *The Manchurian Candidate* (1962) e *Birdman of Alcatraz* (1962). Ninguém estava mais qualificado para a tomada difícil do que Frankenheimer, que também dirigiu *Grand Prix* em 1966. Depois que ele aceitou nosso convite, outros diretores de mesmo porte quiseram dar uma olhada em nossos *scripts*.

Quando éramos mais jovens e tínhamos menos clientes, dizíamos: "Confie em nós — será incrível". Hoje, não há espaço para afirmações vagas. Uma boa idéia não tem a chance de se tornar alavancagem criativa, se não for aprovada pela diretoria — cada passo deve ser sustentado. Quando nos aventuramos em um novo território, avaliamos as possibilidades para que o diretor financeiro possa entender os riscos e as recompensas.

A Internet, evidentemente, equipou-se com melhores formas de medir seu desempenho do que a propaganda de televisão. O número de filmes assistidos, o tempo gasto no site e a quantidade de usuários ficaram disponíveis nos registros dos provedores. Além disso, encomendamos um estudo on-line (da Action Marketing Research, uma empresa especializada em *tracking* quantitativo) para traçar o perfil de nosso público e verificar se estávamos atraindo as pessoas certas.

Para avaliar o impacto dos filmes, montamos um abrangente estudo "pré-pós" por meio da Communicus, uma empresa de pesquisa altamente respeitada. Antes do lançamento dos filmes, 1.200 proprietários de BMW e compradores potenciais de carros de luxo passaram por uma bateria de perguntas sobre o BMW e seus concorrentes. Depois que os filmes estrearam, fizemos a quatrocentos deles a mesma bateria de perguntas. Queríamos saber se a exibição dos filmes elevava o nível de interesse entre proprietários de BMW e de outros carros competitivos. Esse método pré-pós nos permitiu duas coisas: especificar pessoas que assistiram aos filmes e determinar o efeito de "The Hire" em suas percepções de marca, intenção de compra e planos para visitar um revendedor. A pesquisa mostrou 18 diferentes medidas de imagem da marca, e todas haviam melhorado, tanto para os proprietários de BMW quanto para os proprietários de outros veículos.

Por causa do conteúdo dos filmes, de ação intensa, esperávamos melhorar a imagem em relação a desempenho e condução. Mas ficamos surpresos com a força obtida em outras variáveis imprevisíveis como investimento e, principalmente, segurança. Vimos esse tipo de efeito antes. Nossa conclusão foi que, se sua marca envolve pessoas em situações inesperadas e divertidas, a preferência por ela aumentará de forma acentuada. Isto é que é espremer a laranja.

Por trás das cenas. Ao contrário dos carros em uma propaganda tradicional, os BMWs em "The Hire" (O Contratado) abusaram um pouco. Nada de estradas com vento ou tomadas glamourosas para este modelo. Em vez disso, os filmes abandonaram as convenções da categoria e adotaram uma abordagem visual que deu ao novo BMW uma personalidade arrojada.

Os Números

Em outubro de 2001, apenas nove meses depois da estréia do primeiro filme, a bmwfilms.com tinha atraído mais de 10 milhões de acessos feitos por 2,13 milhões de pessoas. Mais da metade desses internautas era o alvo certo: donos de BMW e "pretendentes a carros de luxo".

Análise BMW/Fallon do minuto da marca, 2001-2003

A cada risco estratégico que assumimos, desenvolvemos um plano para medir resultados. O resultado obtido na Internet provou ser ideal para comparar a campanha de filmes BMW a uma campanha tradicional de televisão.

Indexamos o custo histórico de um minuto da marca de propaganda de TV a nosso mercado-alvo em 100. Aprendemos que o custo de um minuto da marca com Filmes BMW era 44% mais baixo.

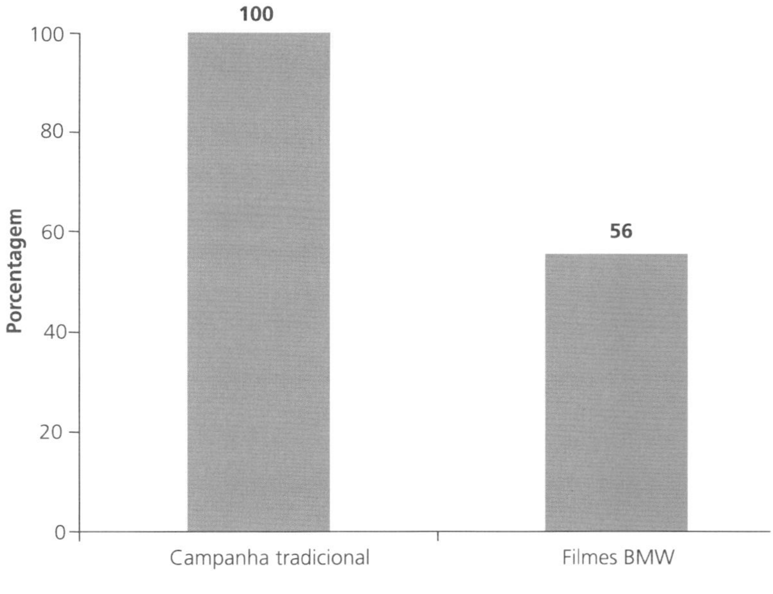

Fonte: Análise do Minuto da Marca BMW/Fallon, 2001-2003.

Mais Entretenimento de Marca na Internet

Desde o lançamento do seu site, em 1995, a Amazon.com tem crescido, de uma loja de livros on-line para uma Megastore na Internet, expandindo sua oferta de produtos para incluir quase tudo: CDs, jóias, roupas, brinquedos, ferramentas, eletrônicos e gastronomia.

Em 2004, a Amazon.com não utilizava propaganda na televisão havia dois anos e não tinha intenção de voltar a fazê-lo. Com 15 milhões de compradores familiarizados com tecnologia acessando o seu site todas as semanas, você não precisa de propaganda, já tem massa crítica. O desafio é fazer com que esses visitantes pesquisem mais categorias.

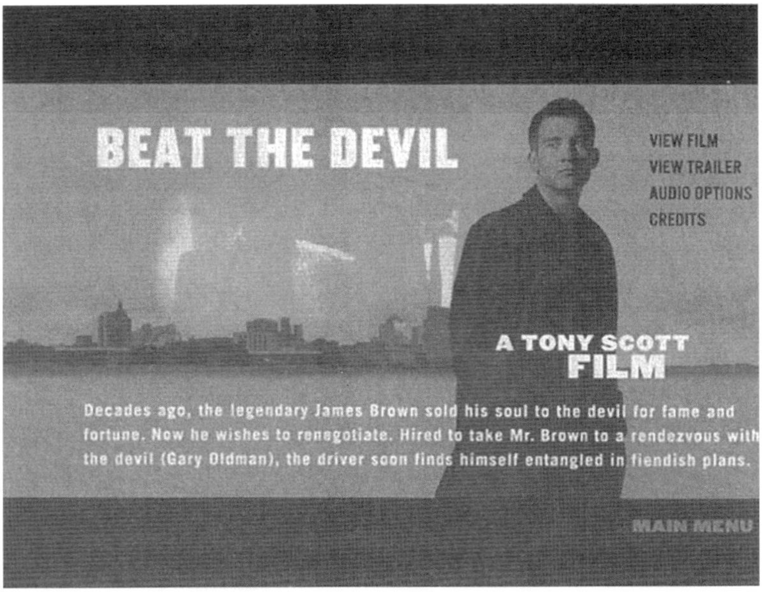

Home pages de "The Hire". Essas *home pages* continuaram os temas da campanha, sem interrupção. Estávamos, aqui, em território novo em 2001, conduzindo pessoas ao entretenimento de marca em seus computadores.

Nossa solução foi convidar os compradores a ver a Amazon.com como um destino, ou seja, algo além de um shopping digital. Abrimos o "Amazon Theater", um "cineplex" digital que mostrava um novo minifilme na Internet semanalmente, durante cinco semanas, começando no meio de novembro. Cada um dos cinco minifilmes tratava de temas emocionais. Por exemplo, em *The Tooth Fairy* (A Fada do Dentinho, com o ator Chris Noth de *Law and Order* e *Sex in the City*), um pai muito ocupado e distraído tem de colocar a casa abaixo para achar o dente que sua filha carente de atenção havia escondido.

Somado ao valor do puro divertimento, cada história integrava uma grande variedade de produtos da Amazon.com em seu enredo. No final de cada filme, o produto aparecia nos créditos, onde os usuários poderiam clicar, se estivessem interessados em comprar.

A idéia era fazer com que as pessoas entendessem melhor o que a Amazon.com tinha a oferecer. Pessoas que associavam a empresa apenas a livros e músicas, ficaram sabendo que o site oferecia roupas, brinquedos e presentes. Quase meio milhão de pessoas viram os filmes na primeira semana, e a Amazon.com aproveitou o período de festas de fim de ano melhor do que qualquer varejista on-line, com vendas acima de 30%.

Como "The Hire" era uma nova abordagem que ainda não fora testada para as comunicações de marketing, precisávamos chegar a novas mensurações. Inventamos o "minuto da marca", que é calculado como a quantia que teríamos pago para expor um cliente potencial de BMW a um minuto de propaganda pela televisão. Ele se tornou o nosso parâmetro. (Suspeitávamos que um minuto gasto com a marca no computador fosse uma experiência mais envolvente que um minuto gasto na televisão, mas não tínhamos prova. Então, ficamos presos à nossa fórmula.) Agora, podíamos prever o ponto de equilíbrio da campanha. Quando o número de minutos de marca oferecido por essa experiência fosse igual ao número oferecido por uma campanha tradicional de televisão, poderíamos considerar "The Hire" um sucesso.

Muitas pessoas nos disseram que estávamos loucos e que ninguém assistiria aos filmes da BMW ou de qualquer outro profissional de marketing em um computador. O parâmetro minuto da marca nos contou outra história. Em comparação a um *flight* convencional de propaganda para televisão, os filmes eram mais do que duplamente efetivos.

O efeito anuidade

Muito depois de termos parado de promover "The Hire", os acessos aos filmes continuaram a aumentar, provando que tínhamos criado mensagens que as pessoas buscavam. Um testemunho surpreendente foi que mais da metade dos acessos veio de fora dos Estados Unidos, o que comprova o poder global da Internet.

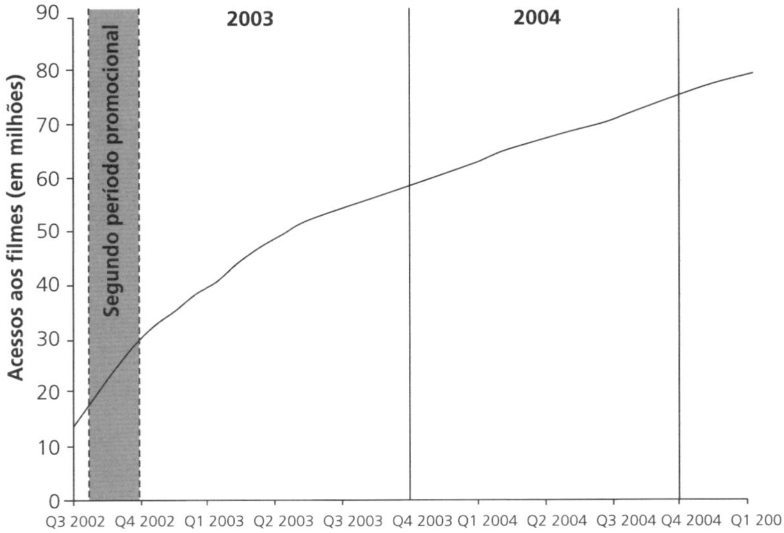

Fonte: bmwfilms.com server logs, 2001-2005.

Depois de duas temporadas, havíamos obtido mais de 50 milhões de acessos ao filme. No agregado, entre 2001 e 2003, o custo total dos filmes da BMW (produção mais mídia), para atingir a exposição de um minuto da marca, era 44% menor que o custo de uma compra convencional de mídia.[7] Além disso, a divulgação e a propaganda boca a boca geraram enorme publicidade gratuita. Graças aos nossos parceiros de relações públicas da Rubenstein Associates, Inc., de Nova York, a BMW teve um valor líquido de 26 milhões de dólares em cobertura gratuita da mídia e ganhou os créditos e a vantagem de ser "inovadora".

Também constatamos que o entretenimento de marca na Internet como "The Hire" tinha um efeito contínuo — a marca usufruía os benefícios da campanha muito depois do final da promoção. Embora a BMW tivesse parado de promover os filmes em junho de 2003, o acesso a eles continuou a subir. Quando a BMW aposentou oficialmente o site, em 21 de outubro de 2005, os acessos já haviam passado de 93 milhões. Isso representa muitos minutos de marca sem investimento adicional de mídia. A demanda pelos filmes continuou a crescer off-line também. Mais de 30 mil pessoas ganharam o DVD da BMW, seja pela Internet ou por meio de um revendedor.

E o que dizer da mensuração final, as vendas? A BMW já estava em um período de sucesso crescente, quando a promoção começou. Assim, embora não pudéssemos ligar diretamente o impacto das vendas aos filmes BMW e à publicidade circundante, pudemos ver que o *momentum* de vendas continuou, apesar da ausência do suporte de televisão. Durante um ano em que a BMW não apresentou novos lançamentos de carros, as vendas subiram 12%, mais do que as vendas do Mercedes ou do Lexus.[8]

Destrua seu televisor

A BMW correu um risco que a maioria dos profissionais de marketing está correndo atualmente. Ela deveria tirar dinheiro de seu orçamento de propaganda para televisão e investir para alcançar seu público na Internet? Apesar de ter menor visibilidade na televisão, as vendas da BMW continuaram a crescer.

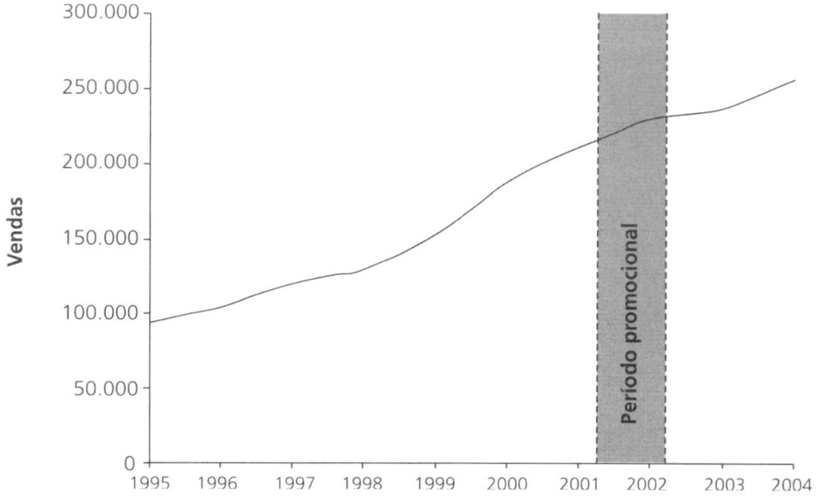

Fonte: Relatórios de vendas da BMW.

Deixe-os Chegar até Você

Os filmes da BMW são um bom exemplo do poder da alavancagem criativa nesse novo ambiente de mídia controlado pelos consumidores. Os filmes funcionaram porque a equipe fez com que *funcionassem* por meio da busca, e não porque a Internet facilitou o acesso a eles. A alavancagem criativa requer cautela e compromisso. Não existem idéias mais ou menos brilhantes.

Enquanto nós, os profissionais de marketing, atravessamos essas águas desconhecidas, a colaboração se tornará cada vez mais importante, à medida que diferentes áreas são forçadas a trabalhar juntas. O desafio para os profissionais de marketing criativos será encontrar aqueles pontos de contato entre a identidade de uma marca e a experiência que o consumidor tem dela. Nossos planejadores de conexão nos levam para além da trajetória desgastada da mídia convencional. Mas suas novas direções exigem maior flexibilidade, agilidade e coragem, à medida que saímos cada vez mais de nossa zona de conforto proporcionada pela mídia tradicional.

Capítulo Nove

O Marketing de uma Rede de Negócios Por Trás de uma Marca

No início de 2003, o Ministério do Turismo das Ilhas das Bahamas nos convidou para concorrer à sua conta. As Bahamas são um país incomum: um arquipélago composto de 700 ilhas que se estendem por quase 600 milhas. (Localizada a 70 milhas a leste de Palm Beach, Flórida, e, a sudeste, cem milhas ao norte de Cuba.) Apenas 30 ilhas, nessa ex-colônia britânica, são habitadas por uma população de cerca de 300 mil pessoas. Seu Ministro do Turismo sempre lembra: "Não somos uma nação insular. Somos uma nação de ilhas".

Em 2003, os destinos de viagem ao Caribe se recobravam gradualmente da recessão que abateu o turismo depois dos ataques de 11 de setembro de 2001. Acontece que as Bahamas se recuperavam ainda mais lentamente. Enquanto o turismo na região do Caribe crescia a uma taxa saudável de 7%, a taxa de recuperação das Bahamas era de apenas 4,3%. O Ministério do Turismo passou a suspeitar que a razão desse mau desempenho residia na forma como o país fazia seu marketing. Como o turismo representa mais de 60% de todo o PNB baamês, e responde pela metade dos empregos da nação, a sobrevivência da maioria dos cidadãos dependia de uma guinada radical.

O grande processo de seleção da agência que trabalharia esse marketing foi praticamente uma solenidade oficial do governo e ocorreu em um imenso salão de hotel na Ilha de Nassau/Paraíso. Parecia uma reunião das Nações Unidas, com um microfone na frente de cada uma das 70 autoridades que analisariam as apresentações e contratariam a próxima agência. A rigorosa formalidade dos procedimentos era intimidante. Para piorar, fizemos uma apresentação em PowerPoint que logo se revelou longa e complicada demais para a ocasião. Em seguida, fomos gentilmente informados de que não havíamos passado para a seleção final.

Algumas semanas depois, um pequeno grupo enviado pelo Ministério do Turismo das Bahamas chegou a Minneapolis para conhecer a Martin Williams, uma das agências que ainda competiam. Enquanto isso, o diretor geral do Ministério, que havia percebido nosso potencial por trás daquele esforço desajeitado, ligou para perguntar se as autoridades poderiam passar em nossos escritórios.

Agora em ambiente informal, soubemos lidar muito bem com a situação. O tom rigoroso e burocrático do procedimento oficial havia desaparecido. Os representantes do governo ficaram animados e foram diretos, desafiadores e engraçados. Nossa improvisada apresentação também foi melhor. Enfatizamos que uma campanha publicitária tradicional de imprensa e televisão não funcionaria. Os filmes da BMW nos haviam ensinado que a Internet estava mudando a maneira como os clientes reuniam informações sobre compras importantes. Para que as ilhas recuperassem os recursos provenientes do turismo, a Internet seria fundamental.

Os baameses saíram convencidos de que éramos a única agência capaz de realizar uma abordagem plenamente integrada. Logo depois daquela reunião, o Ministério do Turismo informou que a conta era nossa. Nosso novo cliente era um país inteiro, cuja economia poderia crescer ou cair, dependendo de nossos esforços.

As Ilhas Desconhecidas

Ao ganhar o negócio, tivemos acesso aos especialistas em turismo do país. E não demorou muito para percebermos que o desafio inicial de recuperar o movimento de turistas mascarava um problema mais profundo.

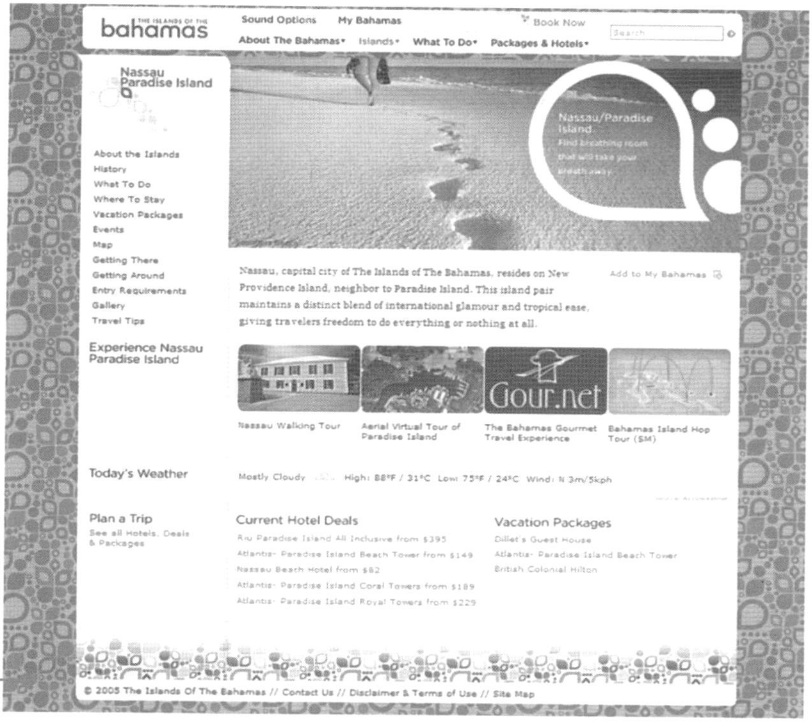

Página Web da Ilha das Bahamas. O novo site deu às Ilhas das Bahamas uma vantagem competitiva. Visitantes potenciais puderam descobrir rápida e facilmente a diferença baamesa on-line. Funcionou: 2004 foi um ano recorde para o turismo e 2005 foi ainda melhor. O número de visitantes de Nova York aumentou 28%.

Primeiro, nem todos os destinos haviam sido afetados. Os famosos *resorts* de praia em Grand Bahamas e em Nassau estavam muito bem. (Era uma boa notícia, porque apenas o Atlantis Resort, em Nassau, representava 16% do PNB do país.) Mas as "ilhas periféricas" enfrentavam uma situação bem pior do que nos haviam informado. De qualquer forma, nossa solução teria de ajudar a todos.

Um dos problemas era o alto custo do turismo. Por ter sido colônia inglesa, e em razão de seu sistema social bem desenvolvido, as Bahamas são um destino mais caro do que outros que se espalham pelo Caribe. E havia também um problema estrutural. Todos operavam de forma independente. Hotéis, *resorts*, pesqueiros, barcos para a prática de mergulho. Ninguém tinha uma noção de identidade ou de propósito. Em síntese, as Bahamas não estavam explorando o poder de marca do país.

O problema maior, no entanto, era de percepção. A revista *Rolling Stone* nos ensinou uma lição fundamental para diagnosticar problemas de nossos clientes: compare a percepção com a realidade.

Percepção *Versus* Realidade

Em 1984, depois que a *Advertising Age* nos nomeou a Agência do Ano, recebemos uma chamada de Jann Wenner, o extravagante fundador e editor de *Rolling Stone*. Ele queria que desenvolvêssemos uma campanha para ser veiculada na imprensa responsável por anúncio de empresas, com o objetivo de desfazer o estereótipo do leitor da *Rolling Stone*. A revista não fazia propaganda ao consumidor. Por isso, sua campanha comercial teria de carregar o peso total de reposicionamento da publicação. E ele não tinha muito dinheiro para gastar.

A solução no guardanapo do coquetel. A equipe de vendas de propaganda da *Rolling Stone* estava entusiasmada. Graças a essa campanha, finalmente eles estavam marcando visitas e vendendo anúncios.

O problema era de percepção. Os compradores de mídia mais jovens queriam espaço publicitário na revista, mas seus chefes, que se tornaram adultos na era da contracultura *hippie*, ainda pensavam que a *Rolling Stone* era a bíblia de notícias do errante, debilitado e decadente. Categorias inteiras de propaganda — carros, roupas e bebidas, para citar apenas algumas — rejeitavam totalmente a revista. As recomendações de compra de mídia raramente incluíam a *Rolling Stone*, e seus representantes de vendas tinham dificuldade em marcar um horário para visitar clientes potenciais.

Em um de nossos momentos de maior orgulho, causado pela redução incansável, nosso redator resolveu o problema logo depois do primeiro encontro, em Nova York. Tudo aconteceu em um guardanapo, antes que o avião pousasse em Minneapolis. Seu plano incluía duas páginas simples. Na página da esquerda, sob o título "Perception" (Percepção), um retrato de como os executivos da mídia viam o leitor da *Rolling Stone*: um *hippie* barbudo, por quem não se daria um tostão. Na página da direita, sob o título "Reality" (Realidade), o retrato de um jovem próspero, de 27 anos, que qualquer um imploraria para ter como cliente. Com a simples apresentação de fatos sobre a base real de assinantes da *Rolling Stone*, os compradores de espaço publicitário não poderiam ignorar o público da revista.

O primeiro sinal de sucesso, e um dos mais gratificantes, foi que a força de vendas estava conseguindo marcar visitas. O segundo, igualmente recompensador, foram os resultados no final do ano: o número de páginas de propaganda havia subido 17,8 %. As receitas de vendas de anúncios cresceram 47%, pois os vendedores faziam menos descontos. Sem uma única mudança no produto, na distribuição, no preço ou no orçamento promocional, as receitas de vendas de anúncios da *Rolling Stone* aumentaram 47%.

Qual é exatamente a diferença entre o que um produto oferece, ou tenta oferecer, e a forma como o consumidor percebe esse produto? Como vimos nos casos dos jeans Lee e dos automóveis Skoda, se você consegue resolver os problemas fundamentais de má concepção da marca, descobre como articular a mensagem certa de marketing para eliminar a defasagem entre a percepção e a realidade.

Todos tinham uma percepção unidimensional das Bahamas — uma rápida parada tropical para aproveitar o sol. E, no entanto, o país oferecia um arquipélago de 700 ilhas, as águas mais claras do planeta e uma variedade impressionante de geografia, cultura, atividades. Tudo com muita personalidade. As ilhas oferecem ruínas antigas, reservas de cavalos selvagens, jardins de esculturas, raridades geológicas, espécies raras de flores e pássaros, fontes medicinais, igrejas e marcos históricos — quase todos desconhecidos. Na cabeça das pessoas o lugar se resumia a férias com sol e praia. A verdadeira natureza das Bahamas permanecia como um segredo, o que era a maior desvantagem do país. No entanto, antes de cuidarmos da percepção, precisávamos conhecer a realidade.

Visita à Fábrica

De modo geral, o pessoal da agência tinha pavor da "visita à fábrica". Mas não desta vez. As equipes de propaganda e de Internet passaram duas semanas imersas na cultura e nos negócios baameses (não sem causar uma ponta de inveja nos que ficariam em Minnesota, que na época apresentava um fator de sensação térmica equivalente a cerca de 35° C, e no entanto mais frio que as Bahamas). Nossos felizes profissionais foram acompanhados por uma equipe da Duffy Design, que na ocasião fazia parte da Fallon.

Essa equipe interdisciplinar conheceu todas as facetas do negócio de turismo, de hotéis de luxo a uma pousada que era dirigida por um charmoso casal escocês há 30 anos. No início, a equipe experimentou a natureza singular da hospitalidade baamesa. O país é como uma pequena cidade. Todos querem apresentá-lo ao primo. Quando o porteiro de nosso hotel descobriu que Cat Island estava em nosso itinerário, deu o nome e o número do telefone de sua mãe à equipe. Prometeu que todos seriam recebidos com uma refeição. Em seguida, ligou para ela recomendando os novos amigos. À beira de um rio encantadoramente tranqüilo, em Bimini, nossa guia de 70 anos contou que havia levado Martin Luther King Jr. àquele local, para que ele escrevesse seu discurso de aceitação do Prêmio Nobel da Paz.

A equipe voltou comentando a boa recepção que tivera. Visitar as ilhas e conviver com os hospitaleiros baameses confirmou uma verdade inegável, que não coincidia com a percepção estreita dos consumidores. Esse destino oferecia uma diversidade surpreendentemente rica de experiências que poderiam ampliar as perspectivas dos visitantes fazendo-os sentir-se engajados, enriquecidos e revitalizados. Oferecia muito mais do que músicos nativos e coquetéis na praia.

Construção da marca. A Duffy Design imprimiu tanto a geografia quanto o espírito das Bahamas nesse logotipo. Todos os baameses se sentiram representados, e o design deu ao país uma estrutura com a qual ele poderia comercializar suas diversas ofertas.

Aconteceu algo mais nessa visita à fábrica. E esse acontecimento mudou para melhor nossa maneira de trabalhar. Embora fosse um grupo formado por profissionais de áreas muito diferentes — estrategistas, pesquisadores, diretores de arte, redatores, web designers e outros —, o fato é que eles experimentaram o produto *juntos.* O velho modelo de marketing envolve pesquisa com o objetivo de levar a estratégia aos diretores de arte e aos redatores, para que criem anúncios de televisão e impressos, que por sua vez são traduzidos em linguagem de Internet. No caso das Bahamas, os diferentes aspectos da campanha aconteceram simultaneamente.

Como todos começaram com a página em branco, os membros da equipe tinham um nível de camaradagem e aceitação que os ajudava a evitar as lutas de poder que prejudicam uma tarefa complexa executada sob grande pressão. Ainda mais importante foi que toda essa colaboração, logo no início, facilitou a resolução do problema. Assim, quando a equipe retornou, já tinha em mãos uma abordagem incomum, que acabou virando o planejamento normal de cabeça para baixo.

A primeira coisa que eles pediram era inusitada. Decidiram que o país inteiro precisava de uma nova identidade gráfica. E se apoiaram em três razões. A primeira, e mais importante, era que as Bahamas nunca haviam sido adequadamente oferecidas como um pacote. A nova identidade gráfica daria a todas as ilhas uma única marca. Em segundo lugar, levando em consideração o orçamento apertado, divulgar apenas uma linguagem visual em todos os canais de marketing daria mais visibilidade à nova marca. Como terceiro argumento para o programa dar certo, a campanha precisaria captar a imaginação dos baameses. Se os convencêssemos de algo tão pessoal quanto uma nova identidade, isso poderia servir como um grito de guerra em toda a ilha e para cada segmento de negócio.

Os designers da Duffy basearam o sistema de identidade gráfica na geografia das ilhas. Cada ilha era representada por uma cor e uma forma diferentes. Juntas, formavam um belo arquipélago colorido. A logomarca era tanto simbólica quanto instrutiva. Então a usamos como base para um sistema flexível em que a forma e a cor de cada ilha poderiam ser usadas individualmente para caracterizá-la.

Depois que a nova identidade foi aprovada pelo Ministério do Turismo, a equipe passou alguns dias mostrando a logomarca a todas as pessoas envolvidas com o turismo. Foi aí que algo maravilhoso aconteceu. Houve uma mobilização geral. As pessoas sentiram o poder da marca e perceberam seu papel. O povo reconheceu que o governo de seu país era inovador — e que seu trabalho era uma ajuda importante. Pela primeira vez as pessoas reconheceram que tinham um diferencial e uma vantagem. Com isso, os profissionais de turismo, que agiam individualmente, começarem a pensar como um todo, como uma só marca.

Procuram-se Turistas Experientes

Sabíamos que 80% dos visitantes caribenhos procediam dos Estados Unidos, e metade deles do litoral leste, mas nossa análise precisava ser mais sofisticada do que simples dados geográficos.

Começamos analisando informações do rico banco de dados do Ministério do Turismo, com mais de 4 mil turistas cadastrados. O banco de dados nos ajudou a definir um segmento que chamamos de experientes caribenhos (Ecs). Eram pessoas que já haviam estado nas Bahamas, no Caribe, no México ou em Porto Rico, mesmo que apenas de passagem, durante as férias, nos últimos 12 meses. Eram turistas ativos, que buscavam experiências únicas, procuravam mais qualidade e queriam experimentar coisas novas. Tendiam a ser abastados e dispostos a gastar sua renda disponível em viagens. Eram também influentes — outros viajantes os viam como fonte de informações sobre os melhores destinos de viagem.

Ao conversar com esses viajantes experientes tivemos a confirmação do que mais temíamos: eles conheciam muito pouco sobre as Bahamas. A maioria acreditava que lá havia apenas algumas ilhas (talvez duas ou três), oferecendo somente férias tropicais com muito sol, mar e praia. O destino não parecia novo, interessante ou atraente. (Os europeus já sabiam a verdade sobre as Bahamas, pois procuravam conhecer lugares mais distantes. Uma das vantagens de ter seis semanas de férias.)

O objetivo geral da campanha de marketing era mudar a maneira de pensar dos experientes em Caribe e, conseqüentemente, o que sentiam sobre as Bahamas. O boca a boca e a Internet eram as duas melhores fontes de influência — mesmo com toda propaganda convencional. Nossa investigação sobre seus hábitos indicava que, assim como o público-alvo da BMW, eles estavam além da curva de tendência. Agora sim, poderíamos tornar o Bahamas.com fundamental para a execução da campanha.

O Bahamas.com seria a conexão mais importante entre as ilhas e seus clientes potenciais. Mas o velho site era estático e lento demais. Examinamos alguns sites de viagem, turismo e entretenimento, e gostamos da funcionalidade dos sites da Disney e do Havaí. Ficamos impressionados com o design e as cores do site da Jamaica. Porém, examinando os concorrentes diretos, percebemos que poderíamos dar ao nosso cliente uma grande vantagem na Internet, mesmo com pouco tempo disponível.

Acreditamos que haja uma verdade essencial em cada marca, que lhe dá o direito de existir e prosperar no mercado. A verdade essencial das Bahamas era a amplitude das experiências oferecidas. A verdade essencial do problema apresentado era que as ilhas periféricas precisavam de mais suporte do que os *resorts* famosos. Tínhamos de comunicar essa multiplicidade de experiências.

A idéia de multiplicidade se tornou o *slogan*. Escolhemos "excursão pelas ilhas" como tema. Não era o *slogan* mais inteligente, mas sim um modo direto de ajudarmos as ilhas periféricas. Essa frase banal nos permitia mostrar a diversidade de ilhas, as pessoas, as atividades e a cultura das Bahamas. A idéia de uma excursão pelas ilhas também dava vida à identidade gráfica e ajudava a definir a execução em outra mídia.

As 12 pessoas agora responsáveis pelos vários aspectos do site tinham de construir o conteúdo e organizar sua apresentação. Elas se dividiram em quatro equipes e, com a ajuda de guias locais, visitaram 14 ilhas-chaves, participaram de cada atividade imaginável, ficaram com uma família baamesa e partilharam uma Kalik, a cerveja local. Enquanto isso, reuniram idéias sobre como promover as ilhas individualmente. Os baameses se orgulham demais de seu país e tinham muito a recomendar a um site que mostraria os diversos atrativos de sua terra.

Metodicamente, as equipes coletaram cada idéia em cartões 3x5. Retornaram a Minnesota com um profundo entendimento emocional da diversidade que as ilhas apresentavam. Eles afixaram todas as anotações na parede da sala de marcas. (Todo cliente tem um espaço para sua marca na Fallon. É uma pequena sala de conferência que faz as vezes de clube, sala de guerra e oficina. Lá, as propagandas competitivas são afixadas, os prazos de campanha são acompanhados, e novas idéias são exploradas.) A equipe começou a dispor os cartões em várias configurações. Para onde vai esta excursão de senhoras? Que tal mapas de aviação para uma pequena tripulação? Onde você coloca dicas de como entrar no estaleiro, para pessoas que estão passeando de iate? Como você cruza referências de todos os pesqueiros?

Depois de duas semanas, eles tinham um esquema funcional. Então, tiraram uma foto da parede, removeram os cartões, voaram para a reunião com o cliente, e recriaram lá a parede. O processo recomeçou.

Hoje, o site exibe 327 fotos, mas, no meio do processo, estava faltando conteúdo. Os designers da Duffy precisavam de fotografias novas. Para nós era muito fácil — a água mais azul do mundo, a preferência por casas e roupas com cores fortes —, mas, para o cliente, o novo trabalho de arte trouxe um desafio interessante. Que imagens você escolhe para representar seu país? Onde víamos uma cabana colorida, eles viam uma constrangedora palhoça do terceiro mundo. Onde eles viam pessoas bonitas na praia, ao pôr-do-sol, víamos um lugar-comum.

Ficou muito claro para os líderes da equipe que se o site quisesse retratar o desejo do cliente, que queria acrescentar sempre mais, e o desejo do *staff* interativo, que queria as melhores fotos e a perfeição funcional, o trabalho nunca terminaria. Então, o cliente e a equipe concordaram com o prazo de 21 de novembro e juraram que o site funcionaria nessa data, não importando o estágio em que estivesse.

Um Recorde de 5 Milhões de Visitantes

O site foi ao ar na data combinada como um trabalho em andamento. A equipe de design se desculpou, mas o resultado final foi surpreendentemente melhor do que qualquer um havia imaginado, e os próprios baameses ficaram entusiasmados. O site mostrava de forma correta as Bahamas que eles amavam. Estavam orgulhosos. Agora, havia uma forma de dizer ao mundo o que seu país tinha a oferecer.

Além de apresentar a nova identidade, o site é tão fácil e convidativo que você não consegue parar de explorá-lo. *Durante a navegação, você aprende muito sobre o que há para fazer e ver nas Bahamas.* O Bahamas.com é uma poderosa ferramenta informativa, uma experiência divertida que dá vida à "Excursão pelas Ilhas".

Aqui estão alguns destaques:

- *Booking (Reserva).* Você pode fazer qualquer tipo de reserva por meio de um mecanismo privado. Uma grande novidade.Também uma fonte de receita para nosso cliente. As comissões sobre as reservas vão direto para o Ministério do Turismo.

- *My Bahamas (Minhas Bahamas).* Este mecanismo aos consumidores salvar no site os itens que mais lhes interessam. Em seguida, podem criar um guia de viagem personalizado, acessando, partilhando e imprimindo os itens salvos.

- *The Bahamas Island Hop Tour (Excursão pelas Ilhas das Bahamas)*. Este dispositivo permite ao usuário passar pela experiência interativa de excursionar pelas ilhas. Usamos fotografia 360 graus Quick Time Virtual Reality (QTVR), que fornece panorâmicas de qualidade sem exigir transferências pesadas. A combinação de QTVR e entrevistas com especialistas das Bahamas, presentes em todas as ilhas, permite uma inesquecível viagem sonora e visual. Os visitantes podem apreciar a hospitalidade dos baameses, mergulhar em ambiente natural com os golfinhos, passear em cavernas, observar marcos históricos, passear em um mercado de artesanatos em palha, observar flamingos e imergir no silêncio de uma praia em pleno pôr-do-sol. Outras características do site permitem que os visitantes acessem o conteúdo de cada ilha, inclusive mapas, fatos divertidos e condições climáticas. O resultado é uma experiência única de marca, ao mesmo tempo vívida e altamente funcional.

Depois de criar um novo posicionamento, a identidade e o site da marca, demos os passos finais para a divulgação do trabalho, por meio de uma campanha publicitária que incluía televisão, revistas de estilo de vida, jornais, rádio e, evidentemente, propaganda pela Internet. Cada peça publicitária foi concebida em torno do novo sistema de identidade e incorporava uma chamada para ação para Bahamas.com e 1-800-Bahamas.

Procuramos todas as maneiras possíveis para ajudar o consumidor a entender a amplitude de uma experiência nas Bahamas. Resolvemos dominar o espaço representado pelo Terminal Grand Central, em Nova York — o lugar ideal para atingir milhões de passageiros apressados no inverno. Colocamos lá vários anúncios luminosos, cada um mostrando uma ilha diferente. Para a campanha impressa, compramos encartes de várias revistas e divulgamos páginas e páginas repletas de dados e fotos com o objetivo de conduzir os experientes em Caribe ao nosso site.

A campanha integrada proporcionou um aumento de 14,5% no total de chegadas às Bahamas, de janeiro a abril de 2004, em comparação com o mesmo período em 2003. O crescimento de reservas foi relatado por agentes de viagem on-line e off-line. O novo site foi responsável por mais de 3.600 reservas, e o número crescia a cada mês.[1]

O "Island Hop Tour" atraiu 22.600 *downloads* e mais de 95 mil visitas de maio a julho de 2004. Sammy T's, um *resort* em Cat Island apresentado na visita, teve um enorme aumento nas reservas (100% de reservas, de fevereiro a abril de 2004), depois do lançamento da excursão no site. E a tendência continua. Nos seis primeiros meses de 2005, o número de visitas específicas ao site subiu 24%, comparado a 2004.[2]

O honorável Obie Wilchcombe, Ministro do Turismo, comentou o reconhecimento internacional da campanha de marketing: "Neste exercício, tivemos mais sucesso que qualquer outro destino, certamente em toda nossa região e possivelmente no mundo."[3]

Em 27 de janeiro de 2004, o título estampado no caderno do *Miami Herald* dedicado às Bahamas dizia: "Five Million Visitors". O artigo anunciava o novo recorde de turismo das Bahamas, apesar da recente passagem de um dos furacões mais devastadores de todos os tempos. No ano anterior, as Bahamas estavam com menos 38% no crescimento da região. Naquele ano, deu uma guinada e passou 28% à frente da média regional caribenha.[4] Uma boa mudança de direção. Os baameses podem continuar espremendo a laranja dessa forma. Esperamos que a tendência continue.

Os Benefícios Intangíveis da Colaboração

Em recente artigo publicado na *Harvard Business Review*, Philip Evans e Bob Wolf citam não só a eficiência, mas também os efeitos motivacionais da colaboração.[5] Fazendo uma analogia com a imagem do burrico que persegue a cenoura amarrada a uma vara, eles dizem que as cenouras monetárias e as varas da contabilidade motivam as pessoas a desempenharem tarefas estritas, específicas, mas que as recompensas psíquicas da colaboração são os mais efetivos estimulantes do comportamento "para cima e para a frente".

Nossa experiência com as Ilhas das Bahamas reforça essa lição. Meses antes do início da temporada de turismo no país, a equipe fazia três coisas simultaneamente. Construía uma nova identidade gráfica que serviria de suporte para tudo o mais. Desenhava um site da melhor categoria e criava uma campanha publicitária tradicional a fim de atrair visitantes para o site. A colaboração não só ajudou a tornar essas tarefas gerenciáveis, do ponto de vista logístico, como também elevou o desempenho dos membros da equipe.

Os filmes da BMW e das Bahamas nos ensinaram a fazer as equipes de design, de propaganda e de Internet trabalharem juntas e organicamente. Em razão do sucesso estrondoso dessas campanhas, nossos funcionários agora vêem a colaboração como uma oportunidade de ir além e dar o melhor de si.

Capítulo Dez

Repensando o Compromisso com o Cliente

Até aqui, com exceção dos filmes da BMW e das Bahamas, a maioria das campanhas que discutimos foi executada na mídia tradicional. Mas todo profissional de marketing está preocupado em ir além dos canais tradicionais de propaganda. Conectar-se com os consumidores da maneira antiga parece ineficiente e caro demais. Se empresas com extraordinários orçamentos de marketing, como a Procter & Gamble e a Coca-Cola, estão lutando para encontrar alternativas, então, certamente todas as outras precisam repensar a dependência do comercial de 30 segundos e do anúncio de página inteira nas revistas.

Mas não com tanta pressa. O modelo antigo não está totalmente falido. Alguns profissionais de marketing ainda usam muito bem a propaganda tradicional. Por exemplo, a Tiffany & Co. comprou um espaço de duas colunas de 15 cm no canto direito superior da página 3-A do *New York Times* por 80 anos. O preço dos anúncios tem subido e a venda de jornais tem caído, mas acreditamos que a Tiffany esteja agindo com inteligência ao manter sua posição de franquia. O público certo sabe exatamente onde encontrar o anúncio, e a Tiffany o renova sempre. Não é apenas uma propaganda inteligente. É um posicionamento de marca inteligente.

Além disso, o novo modelo nem sempre funciona. Em 1997, formamos uma equipe com a Apple Computer e a revista *Time* com o objetivo de criar uma experiência na Internet chamada "Cyberdrive", para a BMW. Era uma viagem virtual de 21 dias, com um passeio diferente a cada dia (e um modelo da BMW adequadamente equipado). Acontece que era um procedimento complicado demais e exigia muita tecnologia da maioria dos internautas que, em 1997, contava apenas com uma conexão por discagem. Foram envolvidas nessa aventura 35 mil pessoas, e o fracasso deixou a BMW em dúvida se entendíamos ou não de Internet.

A chave é ser estratégico. Neste capítulo, examinaremos três exemplos de categorias de negócios radicalmente diferentes. Uma empresa de aviação em processo de falência, que lança uma transportadora nova a baixo custo. Um empreendedor corajoso, que chega tarde na guerra dos telefones celulares. E uma pequena corretora de valores eletrônica, que concorre com gigantes de Wall Street em uma categoria de negócio B2B com pouco destaque. Todos os três casos demonstram novas maneiras de usar a mídia estrategicamente, e esperamos que ajudem a iniciar a discussão não só sobre como usar táticas não convencionais, mas por que utilizá-las.

Como Lançar uma Empresa de Aviação Contando com Amigos, em vez de Colocar Dinheiro

No outono de 2003, a United Airlines decidiu lançar uma versão de transportadora de baixo custo em sua sede em Denver. O primeiro problema era que estávamos trabalhando contra a má vontade normalmente vivenciada pelas linhas aéreas em seus mercados centrais. O maior problema era que a United estava em processo de falência. Tínhamos um orçamento muito limitado, mas, por causa da magnitude do lançamento desse novo produto, a campanha teria de parecer grande.

A parceira de design da United, a Pentagram, uma empresa internacional, recomendou o nome Ted (as três últimas letras de "United"). Percebemos seu poder e fomos grandes defensores da idéia. De fato, houve um entusiasmo quase instantâneo, de todas as partes, com o nome — um acontecimento raro na história do marketing —, e o nome deu energia aos esforços de todos. Enquanto a

United reconfigurava e repintava os aviões, era nossa tarefa elaborar um plano de lançamento capaz de ocupar aquelas aeronaves com viajantes em férias durante a primavera.

No vôo de volta para Minneapolis, depois da primeira reunião em Chicago, dois profissionais de criação da Fallon resolveram trabalhar. Esses dois veteranos (os mesmos que criaram a animada campanha "It's Time to Fly") decidiram que uma campanha de guerrilha, principalmente uma que proporcionasse entretenimento, seria o melhor caminho. Como o lançamento do produto aconteceria em breve, não havia tempo para pesquisas, grupos de discussão ou mais reuniões. A estratégia e a execução se tornaram uma única coisa: criar um grande alarde, com muito charme, e fazer acontecer o máximo possível de graça.

A equipe logo chegou a uma idéia que dirigiu todo o programa. Antes mesmo de o público saber que Ted era uma linha aérea, ou mais ainda, uma subsidiária da United, os cidadãos de Denver conheceriam um personagem misterioso chamado Ted. "Ted", de repente, começaria a praticar boas ações, surpreendendo as pessoas. Fizemos sessões de *brainstorming* e geramos centenas de idéias. A campanha começaria com um burburinho sobre esse misterioso e extrovertido personagem, que andava pela cidade fazendo coisas malucas e divertidas.

Embora fosse uma campanha que não seguia procedimentos estabelecidos, nosso planejador de contas escreveu o manifesto do Ted. Era parecido com a bíblia do personagem Buddy Lee e com o dossiê que escrevemos para o misterioso motorista dos filmes da BMW. Mesmo quando você faz algo não convencional, são necessários princípios norteadores para manter a excentricidade da estratégia.

A Lista do Brainstorming do Ted

Ted envia flores para pessoas internadas em hospitais.

Ted paga café-da-manhã para operários de uma construção.

Pare na Starbucks mais próxima, logo cedo, e tome sua bebida favorita gratuitamente — uma cortesia de Ted.

Três meninos sem camisa estão com a palavra TED escrita no peito, durante um rodeio (cobertura gratuita da televisão).

Equipes de rua distribuem balões para as crianças – uma cortesia de Ted.

Em todo o centro da cidade, telefones públicos tocam chamando Ted.

Líderes de torcida dos rodeios seguram uma faixa de Ted (cobertura gratuita da televisão).

Uma placa feita a mão aparece nos painéis eletrônicos das cafeterias: "Você viu Ted?" A placa tem pequenas tiras com um endereço da Web (meetted.com).

Ted entrega pizza de graça no call center 911, em Denver.

Enquanto os comentários continuam, um avião passa escrevendo Ted no céu.

Construindo o Relacionamento da Marca

Realizamos a minicampanha "Dia da Anistia da Toalha" para o Holiday Inn usando propagandas convencionais, mas ela carregava o espírito de uma campanha de guerrilha. A idéia veio num brainstorming, enquanto a equipe estava maravilhada com uma informação não confiável: por ano, mais de meio milhão de toalhas desaparecem dos Holiday Inn. A GCI, sua agência de Relações Públicas, teve uma idéia: e se um dia a empresa anunciasse que todos que "pegaram emprestada" uma toalha seriam perdoados?

Essa idéia estava fora de nossa estratégia de marketing em andamento, mas a equipe resolveu incorporá-la porque, estranhamente, ela provocava uma ligação emocional com a marca: *você roubou aquela toalha anos atrás e ainda a está usando. Ela tem aquela faixa verde, larga, com "Holiday Inn" em letras grandes. Por isso fica difícil esquecer como ela veio parar em sua casa.* Fizemos algumas propagandas impressas, para plantar a idéia e colocar no site — "Anistia da Toalha" — um espaço onde os consumidores pudessem contar sua história. O Holiday Inn doava um dólar para o Give Kids the Word a cada história de toalha roubada. O resto eram relações públicas.

Duas mil e quinhentas pessoas que tomaram emprestadas as toalhas contaram suas histórias on-line, e descreveram as circunstâncias em que elas foram parar em suas casas. Jay Leno e Paula Zahn fizeram uma divulgação em rede nacional. Foram publicadas 1.200 matérias sobre o assunto, muito mais do que o Holiday havia conseguido no ano anterior, ao comemorar seu aniversário de 50 anos.

Tudo é desculpado. Propagandas como esta plantaram uma campanha de RP que levou milhares de pessoas a contar suas histórias de como uma toalha do Holiday Inn foi parar em sua casa. O conceito era natural para a cobertura de notícias e as histórias receberam mais atenção nacional do que se esperava.

No total, cerca de cem mil pessoas participaram — e fizeram isso porque a idéia se ligava a suas vidas. (Não é curioso as histórias serem chamadas de "interesse humano" pelos jornalistas? Qual seria o oposto de uma história de interesse humano? Uma história que não desperta interesse, ou seja, sem apelo emocional.) O Dia da Anistia da Toalha prova que o marketing emocional não precisa ser um drama — precisa ser apenas humano e genuíno. Isso é verdadeiro, principalmente em campanhas de guerrilha, nas quais pequenos insights são mais adequados para incentivar os consumidores a descobrirem sua ligação com a marca.

O planejador poderia ter escrito uma biografia para Ted, esse benfeitor misterioso. Mas isso ela atingiria o objetivo. Como na verdade não existia nenhum Ted, o planejador se ateve ao tipo exato de sentimento que desejávamos criar. Queríamos que Denver ficasse curiosa sobre seu novo amigo. Inesperados atos de generosidade atrairiam a atenção e perturbariam as pessoas. A equipe da conta também estabeleceu um esquema de trabalho para a campanha. Nossos profissionais fizeram um planejamento de 30 dias, mostrando exatamente quando ocorreria a atividade, e quanto tempo duraria cada uma delas. A idéia era começar com muitos eventos pequenos e aumentar para atos maiores e mais audaciosos.

Agora tínhamos de executar a campanha Ted em segredo. Contratamos uma equipe de marketing de guerrilha em Denver. Nossos novos parceiros adotaram a idéia com entusiasmo e até recomendaram atividades que só alguém que vivesse em Denver poderia ter concebido. A campanha estreou em 29 de outubro, e marcamos presença no Halloween Monster Dash, de 31 de outubro, uma corrida popular de 10 quilômetros. No meio da multidão, gente da equipe segurava placas dizendo aos corredores que Ted estava torcendo por eles. Nossos parceiros de Denver conheciam os lugares mais procurados para o café-da-manhã e quais as melhores ligações com obras assistenciais, para doações de alimentos e roupas. Aprendemos a lição óbvia sobre o marketing de guerrilha: ele deve contar com o apoio de uma equipe local.

Outra lição: você precisa contar com um ágil processo de aprovação. Nosso pessoal de campo, em Denver, estava ao telefone dez horas por dia falando com os profissionais de marketing da United que tinham autoridade para aprovar o

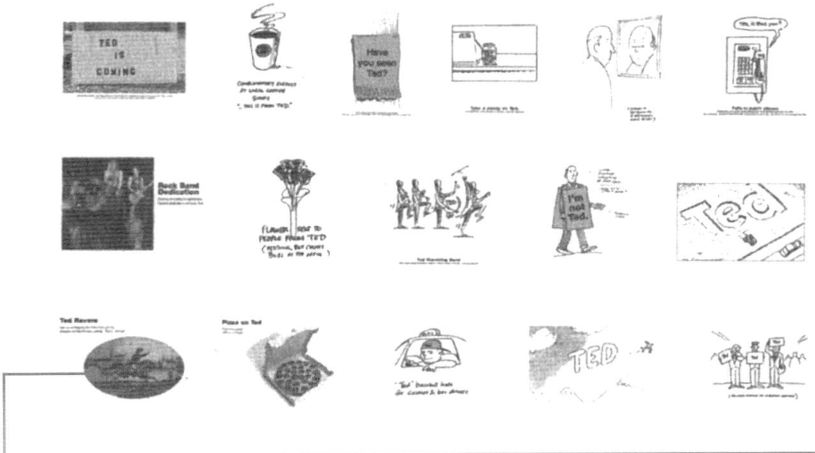

Tática de guerrilha. Fizemos brainstorm de centenas de idéias, a maioria em forma visual. Então, orquestramos as melhores idéias em um programa de lançamento gradual, possibilitando que elas ganhassem *momentum*.

orçamento das atividades imediatamente. Quando você tem apenas 30 dias para executar toda a campanha, não pode perder um minuto.

Começamos com nossa equipe de guerrilha distribuindo café gratuitamente em todos os lugares que apresentavam movimento de manhã, como a Starbucks. Na primeira noite, um grupo foi assistir ao jogo Denver Nuggets e conseguiu um pequeno horário gratuito na transmissão, acenando uma faixa que dizia: "Torcida para Ted". A mídia começou a seguir o mistério, e as equipes de campo espalharam o evento local por toda a cidade, ligando para as rádios que têm programas com a participação de ouvintes. "Estou aqui na Starbucks, no edifício Well Fargo, e Ted está oferecendo, de cortesia, um café para todos os presentes."

Quando a mídia local estava engajada, conseguimos que um fazendeiro erguesse uma imensa espiga com a palavra "TED" em sua plantação de milho. Em questão de horas, os helicópteros do canal de televisão estavam filmando o acontecimento como matéria para o noticiário da noite. Agora, tanto o público quanto a mídia queriam saber quem era Ted.

O site "meet Ted" (conheça Ted) recebeu 6 mil acessos no dia seguinte ao episódio da espiga. Isso nos levou a conectar o componente interativo. Nossa equipe interativa começou a divulgar um registro das atividades Ted, com fotos e reações da imprensa, de modo que as pessoas pudessem acompanhar tudo. O site recebeu mais de 2 milhões de acessos em apenas três semanas.

A fase final envolveu a mídia paga. *Outdoors* começaram a aparecer em toda Denver, exibindo 20 mensagens diferentes. A campanha ganhou vida própria. A mídia de Denver estava se divertindo com a história, e a matéria gerada foi adquirida por agências da imprensa nacional como *USA Today*, *Wall Street Journal* e *Business Week*.

Finalmente, fomos desmascarados por um repórter diligente que descobriu que o site "Meet Ted" havia sido registrado pela esposa de um funcionário da Fallon. O repórter sabia que a United era cliente da Fallon e deu a notícia sobre a verdadeira identidade de Ted exatamente quando a empresa aérea publicou anúncios de página inteira mostrando os novos aviões. Os anúncios traziam o título: "*Be on a first-name basis with an airline*" (O primeiro nome que vem à sua cabeça é de uma companhia aérea.).

Ted foi uma excelente campanha, com resultados gratificantes. Ted, a linha aérea, fez uma decolagem segura. Os viajantes reservaram passagens no valor de quase 5 milhões de dólares, antes do primeiro vôo. Os fatores de carga no primeiro mês foram de 82%, 10% acima da meta. Antes de Ted, a United e a Frontier tinham cerca de um terço da participação nas rotas servidas por ambas as transportadoras. Depois de apenas nove meses no ar, Ted aumentou a participação da United para quase 50%, e a Frontier caiu para 22%. (É interessante notar que Ted recebe 22% de suas reservas on-line — duas vezes a taxa da United.)[1]

Um Pirata Inglês Captura os Últimos Americanos Soltos

O magnata inglês Sir Richard Branson transformou o nome Virgin em uma marca desafiadora clássica, como a Apple Computer, JetBlue Airways ou o MINI Cooper da BMW. Quando Branson decide competir em um mercado, ele considera toda a categoria e repensa como ela é abordada, principalmente quando se trata de marketing. Esta é a sua personalidade — e da marca Virgin. E foi assim que a Virgin Mobile conseguiu criar uma marca jovem e vibrante de telefonia móvel no Reino Unido.

Em 2002, Branson resolveu entrar nas guerras de telefones celulares nos Estados Unidos, como fez no Reino Unido. Com importantes participantes como a Nextel, Cingular, Verizon, T-Mobile e Sprint anunciando seus planos sem parar, a categoria é lucrativa para a mídia americana — cerca de 2 bilhões de dólares por ano são gastos com propaganda, sendo um terço durante a temporada de férias. A participação da Virgin nesses gastos é de menos de 1%. (Lembre-se de que a BMW gasta apenas cerca de 1% na categoria automotiva por ano.)[2]

A Virgin guardou segredo sobre quais agências competiriam por sua conta. Seus executivos haviam selecionado cuidadosamente as agências que ainda não estavam atendendo a serviços de telefonia celular, e convidaram somente as mais criativas para disputar a conta.

O brilhantismo e a clareza da solicitação de proposta (SDP) da Virgin Mobile nos interessou imediatamente. Veja o primeiro parágrafo:

> *Todo mundo quer a próxima coisa genial. Até nós. Por isso somos uma loja de música, que se tornou uma companhia aérea, uma fábrica de refrigerantes, que se tornou mais de 200 negócios diferentes em todo o planeta, unidos por simples pensamentos comuns. Queremos fazer o que nunca foi feito antes. Queremos criar coisas valiosas. E honestas. E vale fazer isso em primeiro lugar. Queremos nos divertir enquanto estamos fazendo isso. E queremos que nossos concorrentes nos achem realmente, absolutamente irritantes.*[3]

Soubemos imediatamente que não estávamos lidando com uma empresa comum de telefonia. Esse pessoal da Virgin Mobile sabia quem era e o que queria de sua agência. As próximas quatro páginas e meia da solicitação de proposta apresentavam um plano de negócios inspirador para levar a base de usuários da Virgin Mobile de 500 mil clientes para mais de 1,1 milhão em seis meses. Em nosso negócio de um quarto de século, vimos apenas uma outra solicitação de proposta com a mesma inspiração e firmeza — da Midway Airlines, em meados de 1980, depois de ser adquirida pelos próprios pilotos da Marinha que fundaram a Federal Express.

A Virgin Mobile queria ver apenas pensamento estratégico — e não criativo — na proposta, o que seria o mesmo que pedir a um músico talentoso para apenas descrever como ele toca. A questão era que a parte estratégica do problema estava muito fácil, e os clientes da Virgin Mobile haviam percebido isso. Ao contrário dos provedores de serviço móvel, que prendem seus clientes em planos complicados, por meio de contratos de serviço, a Virgin Mobile não oferecia planos. Seu modelo era (e ainda é) simplesmente "pagar pelo uso", ou PAYGO, como o setor de telecomunicações o chama. Com esse modelo de operações, sendo uma marca, a Virgin Mobile teria de conquistar a fidelidade de seu cliente diariamente, pois ele poderia deixá-la sem fazer esforço nenhum, a qualquer momento. Além disso, a Virgin Mobile queria ter uma participação maior dos únicos usuários "não aprisionados" que interessavam — os adolescentes — e obter menos dos clientes que mantinham um telefone no carro para emergências, e que nunca o usavam.

Todas as agências concorrentes, sem dúvida, tramariam maneiras inteligentes de serem criativas sem "fazer uma apresentação criativa". Por isso, em nossa proposta, tínhamos de convencer a Virgin Mobile de que éramos as pessoas certas para dar vida à estratégia. Criamos um grande "livro da marca", para mostrar ao pessoal da Virgin Mobile, visual e emocionalmente, para onde queríamos levar a marca. A primeira foto real era de um filhote em uma gaiola. O texto dizia: "Solte o filhote". A seguir, um garoto sentado no alto de um edifício: "Be mobile-er" (Carregue um celular/ande por onde quiser, solte-se por aí). O livro evoluía revelando um *slogan*: "Viva sem planos".

Colocar todas as nossas pérolas na idéia do livro da marca era arriscado. Uma apresentação em PowerPoint sobre como se ligar a adolescentes, terminando com o *slogan* recomendado, poderia ter sido uma abordagem mais segura. Mas estávamos apostando que os tomadores de decisões da conta fariam uma escolha usando o lado direito do cérebro. Além disso, apostávamos que poderíamos colocar a imagem certa nesse cavalo de Tróia com uma proposta para vencer. Ao incorporar uma "encenação" injustificada na apresentação de um novo negócio, você deve colocar gentilmente o cliente potencial na lista dos cúmplices voluntários. Se for literal demais, vai perder a força. Se for implícito demais, errará o alvo. Mas queríamos inspirar esses garotos tanto quanto a solicitação de proposta tinha nos inspirado. E foi o que fizemos.

Ganhamos a conta no início de 2003. Os primeiros anúncios que fizemos para a Virgin Mobile foram comerciais de televisão transmitidos no mês de junho. Executar essas propagandas foi relativamente fácil, em parte porque a Virgin tinha uma forte identidade de marca. Não precisamos de muito mais estratégia além daquele parágrafo que nos agradou na solicitação de proposta. O primeiro comercial foi apresentado na MTV, claro, caracterizado por um cara sendo pego por bolas voadoras — do seu plano de celular atual. Simples, direto e realmente Virgin.

Um ano depois, a empresa nos apresentou um desafio mais complicado: alavancar a compra na época das festas de fim de ano. Um "telefone em uma caixa", sem obrigações contratuais. A Virgin Mobile fez dele o presente ideal, mas também precisávamos superar o obstáculo do marketing de final de ano. Precisávamos fazer mais do que anunciar a marca. Teríamos de mudar o mercado-alvo: garotos nos primeiros anos da adolescência desejando privacidade, independência e seu próprio celular, mas que ainda dependiam dos pais para a "recarga".

Como aprendemos com nossa experiência com a Lee Jeans, comunicar-se com adolescentes é muito complicado. Foram escritos muitos volumes sobre os jovens, mas engajar os adolescentes é frustrante e enganador. Com o Virgin Mobile tínhamos de ser cuidadosos. Podíamos ter dirigido a mensagem para aqueles que dão presentes — adultos, ou seja, pais —, mas isso minaria o vínculo de marca que a Virgin Mobile tentava construir com os jovens.

Em nossa pesquisa, os adolescentes nos disseram que a Virgin tinha um benefício tangível em PAYGO: não havia necessidade de contrato. Sem contas. Benefícios racionais, bons e seguros. Podíamos ter parado aí e nos concentrado nas vantagens racionais da Virgin Mobile para adolescentes: O PAYGO era um contraste bem-vindo, pois todos os outros anunciantes da categoria empurravam planos complexos e confusos de preços, minutos de bônus e restrições de horário. Mas sabíamos que nessa categoria, como em muitas outras discutidas neste livro, uma posição racional raramente é sustentável. Aqueles concorrentes que ainda não tinham planos PAYGO podiam acrescentá-los, de imediato, às suas ofertas. Logo, outra vez fomos em busca de uma ligação emocional.

Aprendemos que a Virgin Mobile tinha de falar com os adolescentes como se fala com um colega, e não como um pai moderninho. Por isso, desenvolvemos uma estratégia de trocar presentes "entre colegas". Posicionando a Virgin Mobile como o meio perfeito para jovens expressarem seus sentimentos uns para os outros durante as férias, conseguimos fazer desse celular a marca deles.

Graças a Lee Jeans, já sabíamos que os adolescentes querem viver a vida do jeito deles. Taticamente, optamos por alcançá-los durante o que chamamos de "momentos não supervisionados", aqueles períodos em que os adolescentes ficavam sozinhos em casa ou em ambientes sociais com amigos, longe de adultos, livres para serem eles mesmos. Isso significava comprar tempo na televisão durante programas que não eram assistidos pelos pais. Programando a campanha em torno desses momentos não supervisionados, esticamos os dólares de propaganda da Virgin, aumentamos o número de adolescentes vendo suas imagens e reforçamos o tema de que a Virgin Mobile era para os jovens, e não para seus pais.

A maior parte de nosso minúsculo orçamento de mídia foi para uma esfera que alguns anunciantes consideram indesejável: tarde da noite, nas transmissões abertas ou a cabo (O'Brien e Stewart *versus* Letterman e Leno) e em programas de rádio também noturnos. Todas as pessoas assalariadas já teriam ido para a cama.

Visar momentos sem a supervisão dos adultos também significava encontrar ambientes sociais onde os jovens estivessem procurando algo novo. Pusemos *outdoors* em shoppings e colocamos equipes de campo do lado de fora das Virgin Megastores. Separamos a Virgin Mobile dos grandes provedores de planos, fazendo dela a marca que os adolescentes viam como sendo a sua.

Em abril de 2004, a Virgin Mobile apareceu em *Cassandra Report*, um estudo sobre adolescentes, conduzido pela Inteligência Jovem. A Virgin Mobile estava ocupando seu lugar, pela primeira vez, perto da Apple, Nike e Diesel como uma marca legal para adolescentes, conforme seleção feita pelo quadro de indicadores de tendências do *Cassandra*.[4] Durante essa promoção de férias, a lembrança de marca entre adolescentes saltou de 44% para 78%, e a base de assinantes cresceu 39%.[5] Dado o baixo nível de gastos da Virgin Mobile, o sucesso da campanha dependia amplamente do valor de entretenimento da promoção e de sua capacidade de ser atraente para a cultura jovem, e não da repetição na mídia.

Logo, sabendo que precisávamos de uma plataforma com valor de entretenimento suficiente para atrair a atenção da mídia, nos dirigimos para as férias escolares de 2004 com uma idéia que tiraria vantagem das próprias férias. Criamos o que nenhum editor que se respeitasse poderia ignorar entre o Dia de Ação de Graças e o Ano Novo: Chrismahanukwanzakah.

A palavra *Chrismahanukwanzakah* não era apenas Christmas, Hanukkah e Kwanzaa misturadas. Era uma referência a toda fé imaginável. O comercial, que talvez tenha sido o vídeo musical mais estranho que se possa imaginar, mostra uma banda de músicos de várias etnias e ícones banalizados das festas de fim de ano, tocando em um ambiente de inverno. O *jingle*: "Somos todos flocos de neve" foi criado pela banda de rock alternativo Ween:

Chrismahanukwanzakah. Impossível pronunciar — ou ignorar. Se você gostasse do conceito, a próxima coisa que você precisaria nessas férias seriam os cartões Christmanhanukwanzakah, que você podia obter tanto por e-mail quanto em papelarias.

Tudo bem se você é muçulmano, cristão ou judeu

Tudo bem se você é agnóstico e não sabe o que fazer

Uma comemoração que inclui, sem obrigação contratual

Feliz Natalhanukwanzakah pra você (e para os pagãos também)

De alguma forma, somos todos macacos. Bem, podemos ser apenas uma pequena parcela

Sou cientologista, este é um tipo de religião

De quem é a fé certa? Ninguém pode adivinhar

O que mais importa são celulares com câmera por menos de 20 dólares...[6]

Virgin Mobile, "Snowflakes", 2004. Músicos de várias etnias cantam "Somos todos flocos de neve" ("Tudo bem, se você for um muçulmano, um cristão ou um judeu...") em um ambiente de inverno tenebroso cercado por ícones de dias santos, tanto familiares quanto não convencionais. O segundo verso exalta as alegrias do preço especial de Natal do Virgin Mobile e a delícia de não estar vinculado a um contrato de celular. Quando o comercial acaba, Tiny Tim luta para carregar uma placa da Virgin Mobile e depois cai na neve.

Todas as emissoras, com exceção da Fox, recusaram-se a veicular o comercial, e isso deu o que falar na mídia. Quando a Virgin ofereceu aos clientes um *ring tone* gratuito da música, 440 mil pessoas fizeram o seu *download*. Você pode ver este comercial em www.juicingtheorange.com. Clique em "See the Work".

Os executivos na Virgin Mobile aprovaram o comercial na hora. Um líder da categoria nunca teria dado sinal verde para um conceito desses, principalmente para um que conseguisse ofender a todos um pouco. Felizmente, os profissionais da Virgin Mobile não estavam nem aí para as emissoras que se recusassem a veicular o comercial. Com exceção da Fox.

A audácia da idéia e a execução adoravelmente não convencional desencadearam um burburinho incessante sobre o anúncio. Então, a Virgin Mobile nos desafiou a estender a história para a mídia não tradicional e para o varejo. Criamos uma linha de cartões Chrismahanukwanzakah, tanto por e-mail quanto em papel. A Virgin ofereceu a seus clientes um *ring tone* gratuito da música, que foi baixado por 440 mil pessoas no site da empresa. O tráfego na rede ficou tão pesado que a equipe acrescentou rapidamente novo conteúdo para manter os visitantes engajados.

A Virgin Mobile atingiu todos os seus números e mais alguns. Cerca de 125 mil contas foram ativadas no Natal. Ela superou em muito seu objetivo de elevar o número de seus clientes de 500 mil para mais de um milhão. Dezoito meses depois do lançamento da marca nos Estados Unidos, eles falavam com orgulho de mais de 3 milhões de clientes.[7] A Virgin Mobile ainda é uma criança e tem de lidar com questões sobre o modelo de negócio, para assegurar o sucesso a longo prazo — mas eles estão crescendo e descobriram um lugar no coração de muitos adolescentes. O desafio agora é manter o *momentum*.

O Que a Wall Street Está Vendo

Em 1997, a Archipelago Exchange, uma participante agressiva do nicho, dirigida pelo CEO Jerry Putnam, começou a vida como uma plataforma de comércio eletrônico para *traders* profissionais de ações. Oferecia transações eletrônicas com mais abertura, maior rapidez e melhor execução que qualquer um de seus concorrentes. Logo, estava lidando com 16% de todas as transações, mas poucas pessoas ouviam falar dela. Era difícil atingir os clientes-alvo da Archipelago — jovens *traders* de Wall Street. Provavelmente, eles não prestariam atenção e seguiriam seu ritmo, o que não diferia do grupo-alvo da Virgin Mobile.

Em 2002, a Comissão de Valores Mobiliários (SEC) aprovou a ArcaEx, como era conhecida, uma bolsa de valores qualificada, para que pudesse competir diretamente com a Bolsa de Valores de Nova York (NYSE) e a NASDAQ.

Como a história mencionada anteriormente na *Rolling Stone*, a percepção da ArcaEx estava fora da realidade. A aprovação da ArcaEx pela SEC como uma bolsa de valores deveria ter dado a ela mais presença, mas o mercado-alvo não a notou. Como resultado, Jerry Putnam nos desafiou a definir a ArcaEx não simplesmente como uma plataforma alternativa de transação comercial, mas como uma verdadeira bolsa de valores — que fosse, nas palavras dele, "impossível de ser ignorada pelos *traders*".

Todos sabem da abertura diária das bolsas de valores. A NYSE coreografa cuidadosamente cada abertura como um evento da imprensa, descrevendo uma de suas empresas-membro. A ArcaEx é virtual: não tem tijolos nem argamassa, nenhum local público específico, nem executivos de terno, posando como "apresentadores". Em suma, tinha desvantagem na visibilidade. Por isso, para jogar com os grandalhões, tínhamos de mudar as regras do engajamento.

A ArcaEx abre às 8 horas da manhã, 90 minutos antes de qualquer outra bolsa. Decidimos transformar esse fato em uma vantagem competitiva. Mas nosso público era extremamente pequeno, e atingir essas pessoas por meio da mídia convencional seria caro e restritivo. Podíamos veicular anúncios no *Wall Street Journal*, mas a maioria de nosso público-alvo estava abandonando a imprensa como uma fonte de notícias.

Nossos planejadores de mídia notaram que, antes de as bolsas abrirem de manhã, você podia encontrar uma concentração de corretores assistindo à cobertura de negócios nos noticiários a cabo. Então começamos do zero. A recomendação: criar um programa do cliente para ser mostrado no canal a cabo certo para esse público de Wall Street.

A CNBC foi uma parceira entusiasta nesta experiência. Criamos um programa de 60 segundos para passar entre 7h59min e 8h da manhã, diariamente. A CNBC trabalhava conosco. Nosso pequeno minuto era transmitido sozinho todas as manhãs, nunca junto de outros comerciais. Nós o chamamos "The Open

Show" (O Programa de Abertura) e ele tinha um objetivo único: redefinir a ArcaEx como uma bolsa aberta.

"The Open Show" não era um comercial, mas um episódio engraçado de um minuto sobre dois sujeitos que viajavam o mundo em busca da melhor forma de abrir o dia para a ArcaEx. A namorada de um de nossos heróis aparece como alguém que não foi convidado. E como parte de sua busca, eles enfatizam os benefícios de usar a ArcaEx enquanto, como funcionários, se valem de humor para fazer ironias com as grandes bolsas.

Promovemos "The Open Show" como as grandes redes de televisão poderiam promover uma nova série: com quebra-cabeças e um site. Anunciamos um concurso para os *traders* que quisessem aparecer em "The Open Show". Mais de 400 se inscreveram. A Ameritrade nos convidou para filmar um episódio em sua sede.

Há um ditado que diz que o bom marketing não pode fazer uma bola rolar montanha acima, mas pode fazer uma bola rolar para baixo mais depressa. Para a comunidade financeira, essa época de serviços eletrônicos chegou. O empreendimento tinha *momentum* por causa de sua vantagem competitiva — a transparência. Mas o "Open Show" da ArcaEx sincronizou a personalidade de sua marca com os tipos hiperativos da Wall Street que eram seu público-alvo. A consciência não auxiliada da campanha era superior a 50%, comparada com números da consciência da propaganda de 13% para a NYSE e de 15% para a NASDAQ. Os negócios da ArcaEx começaram a crescer rapidamente. O volume negociado aumentou em 54% entre setembro de 2002 e março de 2003, e a participação total de mercado aumentou de 16,4% para 23%.[8]

Antes de "The Open Show", apenas 39 % dos *traders* profissionais usavam a ArcaEx. No final da promoção, esse número saltou para 65%. E mais de 43% dos *traders* profissionais disseram que se esforçaram para assistir aos episódios de 60 segundos.[9]

Em 2005, a tecnologia da bolsa de valores eletrônica era confiável e aceita pelos *traders*. Naquele outono, a Bolsa de Valores de Nova York, com 213 anos, anunciou sua fusão com a ArcaEx e a combinação das operações. (Isso poderia ter-nos deixado sem a conta, mas prevalecemos na disputa com a agência da NYSE, a BBDO, para ganhar a conta combinada.)

"The Open Show" era um exemplo clássico de alavancagem criativa. Uma abordagem arriscada e não convencional das comunicações de marketing construiu o vínculo com os usuários e o *momentum* para o negócio. Esse esforço rendeu à equipe de mídia da Fallon um Leão de Ouro em Cannes, na categoria de propaganda de mídia em 2003. Naquele ano, essa categoria teve mais de 200 inscrições, e o júri deu 22 Leões. Surpreendentemente, apenas dois deles vieram do maior mercado de mídia do mundo, os Estados Unidos. Isso nos sugere que os profissionais de marketing americanos podem estar atrás do resto do mundo, quando se trata de usar a mídia criativamente.

Supere pela Inteligência, e Não pelos Gastos

Em todos os *cases* deste capítulo, você pode ver como começa a ficar difícil distinguir os métodos convencionais de propaganda no espaço amplo que enfrentamos hoje. Ted foi essencialmente um esforço de marketing de guerrilha simples, executado com rigor, que só usou mídia convencional no final da campanha. A Virgin Mobile fez os preparativos com a propaganda na televisão, e, então, contou com o burburinho da mídia e a conectividade de seu público adolescente para disseminar a mensagem. De modo muito parecido ao Dia da Anistia da Toalha, do Holiday Inn, que usou somente algumas propagandas impressas para conseguir comentários de Relações Públicas, a ArcaEx criou sua própria mídia em contraponto à cerimônia de abertura da bolsa tradicional, e fez isso de uma forma que engajou os *traders* da bolsa à maneira deles.

O que essas histórias têm em comum? É mais do que o fato de terem ido além da propaganda tradicional. O tema unificador é que o *job* era maior do que o orçamento. À medida que a necessidade força os profissionais de marketing a serem mais criativos, a ênfase mudará mais para a qualidade da idéia, e não para o orçamento. A participação de mercado não depende mais do *share of voice*.

Capítulo Onze

Lições Aprendidas

É um erro muito grave pensar que o prazer de ver e de buscar pode ser promovido por meio da coerção e da noção de dever.

— *Albert Einstein*

Antes de abrirmos nossa agência, nós trabalhávamos à noite com um pequeno negócio chamado Lunch Hour Limited, que contava com Tom McElligott e Ron Anderson, um diretor de criação maravilhoso da Bozell Jacobs. O que nos surpreendeu foi a facilidade com que alavancávamos nossa criatividade, sem esforço, rápida e completamente, longe de nossos escritórios. A Lunch Hour Limited nos permitia fazer um trabalho criativo, de grande visibilidade, que muito nos estimulava, mas que nunca seria à luz do dia como em nossos empregos.

Percebemos que se pudéssemos escapar da rotina do local de trabalho, da burocracia e da paranóia reinante nas agências de publicidade, conseguiríamos liberar uma paixão e uma energia tremendas. Isso significava construir uma cultura que permitisse a criação em cada canto da organização.

Imaginamos um ambiente onde as pessoas pudessem dar o melhor de si, enquanto faríamos o possível para gerenciar anulando todas as bobagens institucionais e interpessoais. Formaríamos equipes com funcionários e parceiros que pudessem nutrir seus talentos e lutaríamos como loucos para dar vida ao trabalho de todos. Em troca, nossos funcionários concordariam em colaborar intensamente e empregar sua criatividade em todos os aspectos do trabalho. Poderíamos oferecer um ambiente onde o consenso seria a exceção, e não a regra. Esse era o contrato social que queríamos oferecer a nossos funcionários.

Se tínhamos vontade de trabalhar em um lugar assim, então outras almas com a mesma mentalidade estariam ansiosas para experimentar essa oportunidade. Para concretizar a idéia, fizemos muitas reuniões no Original Pancake House, em Edina, Minnesota. Depois de muitas xícaras de café, em fevereiro de 1981, elaboramos a lista de princípios fundadores:

- Dedicação exclusiva e crença no poder da criatividade
- Crença na família como modelo de negócio
- Buscar o risco como se busca um amigo
- Sucesso como um imperativo do negócio
- A importância de manter a humildade
- A necessidade de se divertir

Para que a organização tivesse recursos, cada um de nós entregou 20 mil dólares a Irv Fish, o diretor financeiro designado por nós. Em vez de um salário, Irv dava a cada um de nós apenas o suficiente para cobrir as despesas mensais com a família. Nosso impulso igualitário era quase ridículo. Nosso escritório ficava em cima do Peter's Grill, e não tínhamos faxineiro nem ninguém para realizar o serviço de limpeza da neve. Toda semana, Irv afixava na parede a lista de deveres de manutenção e limpeza, e nós nos revezávamos nas tarefas como se fôssemos colegas de quarto recém-saídos da faculdade.

Era muito difícil contratar algum profissional, tanto em relação ao talento quanto à adequação cultural. Queríamos diversidade de pensamento, mas ao mesmo tempo procurávamos pessoas com uma noção do que é possível.

Apesar de toda a carga de trabalho, o sonho estava virando realidade. Apenas dois anos depois de abrirmos nossas portas, a *Advertising Age* nos apontou como a agência do ano. A *Roling Stone, The Wall Street Journal* e outras contas nacionais começaram a nos procurar. Quanto à nossa cultura experimental, tivemos certeza de que estávamos agindo corretamente, quando se espalharam comentários de que nossa agência era um lugar onde se podia fazer o melhor trabalho da carreira. Começamos recrutando profissionais para posições de comando, contratando pessoas de empresas fora de Nova York, embora não pudéssemos pagar um salário competitivo. O trabalho seria a própria recompensa.

À medida que expandimos de cinco para cinqüenta, cem funcionários, nossa cultura, que antes não exigia esforço, ficou proporcionalmente mais difícil de ser sustentada. Foram necessárias algumas mudanças. Pat se lembra de quando teve de parar de escrever à mão os cartões de congratulação distribuídos aos funcionários no aniversário da empresa. Outras mudanças realmente afetaram o trabalho. Diretivas passaram a ser feitas por telefone, e já não podíamos mais supor que mensagens importantes estivessem chegando a todos os funcionários. Pior foi que os departamentos começaram a competir entre si, e não com os verdadeiros concorrentes. Estimular uma cultura criativa não exigiu muito esforço. Mas agora precisávamos lutar por ela.

Mudanças Organizacionais Não Têm de Ser Mudanças Culturais

Na década de 80, houve uma grande consolidação em nosso setor, e não ficamos imunes. Em 1988, uma agência de Nova York, a Scali McCabe and Sloves, passou a ser sócia majoritária de nossa agência. Nós havíamos estudado o funcionamento das organizações de criação, antes de fundar a nossa, e achamos que a Scali fazia a coisa certa. Eles eram nossos heróis. Por isso ficamos lisonjeados quando eles compraram nossa empresa. A Scali fazia parte da Ogilvy & Mather, que mais tarde seria adquirida pela Martin Sorrell, do WPP Group, de Londres. Porém, apesar dos participantes globais, ainda éramos uma equipe regional.

Por que vendemos nossa agência? Na época, achamos que tínhamos apenas duas opções estratégicas: virar uma empresa global ou permanecer como agência regional. Não havia meio-termo. Se não nos alinhássemos com uma das grandes redes, nunca jogaríamos nas grandes ligas, e queríamos muito provar nossa capacidade de atuar em escala global. Infelizmente, logo as ações do grupo WPP começaram a cair. Passamos a receber memorandos de Londres, via Nova York, com instruções para cortar custos, adiar aumentos de salário e enviar mais dinheiro. Sem dúvida, isso contaminava nossa cultura. Então, propusemos ao *chairman* do grupo WPP, Martin Sorrell, a recompra da agência. Como ele precisava de dinheiro, concordou, talvez acreditando que a transação nunca aconteceria. Mas estávamos determinados. Fizemos o maior empréstimo possível, hipotecando nossas casas como garantia, e voltamos a ser independentes, em 1992. Ainda não tínhamos abrangência global, mas pelo menos éramos livres.

Em 1999, Maurice Levy, *chairman* da agência de publicidade francesa Publicis, nos procurou. Gostamos dele, mas não estávamos prontos para nos reportarmos a alguém outra vez. Seis meses depois, Levy voltou com um longo discurso. Ele sabia que ainda queríamos ter um perfil global, e estávamos sentindo que não tínhamos força internacional. Clientes como a United Airlines, Citibank, Purina e BMW queriam nosso apoio em todos os seus mercados. Levy destacou que não viveríamos o suficiente para financiar uma rede internacional própria. Por enquanto, poderíamos começar alavancando outras agências regionais da rede. O mais importante: ele nos ofereceu uma autonomia que não tivemos com o grupo WPP. Então nos vendemos à Publicis.

As pessoas perguntam se essa segunda mudança não afetou nossa cultura. A resposta, surpreendentemente, não é tanto quanto se poderia pensar. Para sermos honestos, temos plena certeza de que nosso pessoal preferiria trabalhar para uma empresa independente, em vez de fazer parte de um conglomerado. Mas, contanto que continuássemos sendo nós mesmos e mantivéssemos o trabalho como um desafio, nossos funcionários estariam contentes. Maurice apoiou a idéia de permanecermos "emocionalmente independentes".

A Cultura Exige Escolhas Difíceis

Quando escrevemos o valor: "crença na família como modelo de negócio", não percebemos quanto trabalho seria necessário para proteger essa família. Em 1991, ganhamos a conta da Northwest Airlines. Era nossa maior conta. Sabíamos de sua reputação como um cliente difícil, mas não podíamos prever que ela ameaçaria nossa cultura.

Nosso contato mais importante dentro da Northwest era criativo e muito bem relacionado ao mundo da música. Ele era ao mesmo tempo autoritário e indeciso, uma péssima combinação. Uma hora nos dizia que nossos conceitos eram confusos. No momento seguinte, eles se tornavam brilhantes. Nosso relacionamento com a Northwest transformou-se rapidamente em um campo de batalha. É claro que não ficávamos aborrecidos com as críticas. A equipe entendia muito bem que essa conta gerava uma boa receita, mas, por mais que tentasse, não conseguia oferecer um trabalho que os agradasse e o deixasse orgulhosos. Por isso, à medida que o cliente intimidava a equipe, e minava seus esforços, percebíamos que, como gerentes, não estávamos sustentando o contrato social que havíamos estabelecido com nossos funcionários. O medo se instalou.

Percebemos que, se não resolvêssemos essa situação, estaríamos estimulando exatamente o tipo de atmosfera tóxica que nos propusemos a evitar. Os bons iriam embora e nós minaríamos nossa cultura. Felizmente, Irv Fish, nosso diretor financeiro e sócio-fundador, preocupava-se tanto com nossa cultura quanto com os números. Um dia, toda a direção concordou secretamente que deixaríamos de atender a Northwest — o que representava 23% de nossas receitas e uma porção ainda maior de nosso lucro — assim que pudéssemos levantar um número suficiente de novos negócios, para evitar demissões.

Levamos seis meses para gerar o número suficiente de negócios que compensassem a conta da Northwest. Não compensamos totalmente os lucros, mas conseguimos um número suficiente de pequenas contas para cobrir as perdas na folha de pagamento. Assim que atingimos nossa meta, rescindimos o contrato com a Northwest Airlines.

Financeiramente, essa decisão foi uma perda, mas provamos para nós mesmos e para nossos executivos que podíamos proteger nossa cultura e colocar nosso pessoal em primeiro lugar, independentemente das conseqüências. Os funcionários ficaram aliviados. Embora alguns lamentassem a perda de uma grande conta, a decisão confirmava a razão de as pessoas terem vindo trabalhar conosco. Fizemos isso num momento difícil, mas deixamos nossa missão intacta. A partir desse ponto, muitos se tornaram não apenas funcionários, mas nossos defensores.

Cultura Acima da Receita a Curto Prazo, Parte 2

Em 1995, um ano após a rescisão da Northwest, crescemos 21%, bem acima de nosso tamanho e da lucratividade que tínhamos com a Northwest. Isso reafirmou que nossa cultura era, de fato, uma vantagem estratégica e merecia ser defendida, uma crença confirmada vários anos depois, quando fomos, mais uma vez, forçados a escolher entre a saúde de nossa empresa a longo prazo ou um ganho a curto prazo.

Em 1997, a Domino's Pizza nos convidou para fazermos uma apresentação em Ann Arbor, Michigan, com o objetivo de concorrer à sua conta. Se ganhássemos o negócio, a Domino's se tornaria nossa maior cliente. Fizemos o melhor trabalho que pudemos. Na rodada final, apresentamos nossas idéias em uma sala cheia de franqueados, gerentes seniores de marketing e membros da diretoria. Geralmente, processos para ganhar um grande negócio, como esse, são demorados. No entanto, menos de uma semana depois, o cliente nos disse que a conta era nossa. Só faltava nos reunirmos com o *chairman,* para fecharmos o negócio.

O *chairman* da Domino, Tom Monaghan, construiu seu negócio partindo do zero. Começou em uma poderosa casa de fast-food e logo se tornou um rico empreendedor, cujas coleções se estendiam de uma *memorabilia* de Frank Lloyd Wright, a carros clássicos e aos Detroit Tigers, vencedores da Série Mundial, quando ele era seu proprietário.

Órfão, Monaghan fora educado pela Igreja Católica, e sua relação com a religião influenciava todas as suas decisões pessoais e profissionais. Então, Pat Fallon, um dos autores deste livro, voou para a reunião "pré-Tom" em Ann Arbor, com a intenção de se preparar para uma eventual reunião com ele. Pat foi informado pelo diretor de marketing que Monaghan adorava nosso trabalho e queria nos contratar. "Mas há um problema", disse ele. "É sobre o Children's Defense Fund. Se você deixar de atendê-lo como cliente, podemos fechar o negócio."

Children's Defense Fund

O Children's Defense Fund é a proeminente voz americana que protege os direitos da criança. Marian Wright Edelman, fundadora do Children's Defense Fund, entrou em contato conosco pela primeira vez em 1987. Sua diretora de marketing, Maggie Williams, havia decidido que o CDF precisava aumentar sua visibilidade e, depois de pesquisar agências premiadas pela criação de anúncios, aconselhou

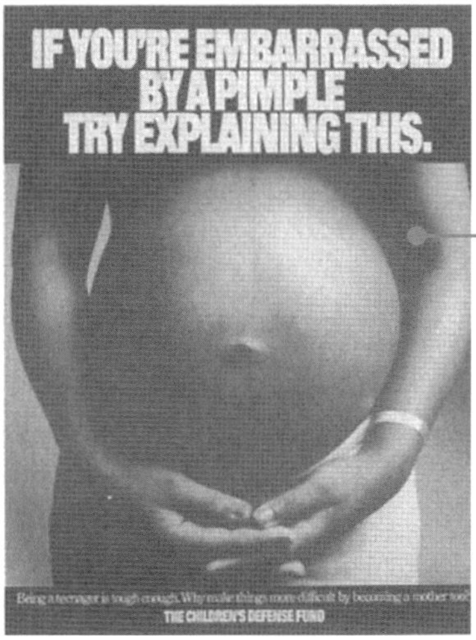

Combatendo a gravidez na adolescência. Uma série de cartazes escolares para o CDF. As vendas dos cartazes patrocinaram a produção de novos trabalhos durante uma década.

Marian a ligar para nós.[a] Como preferíamos ajudar entidades assistenciais locais, dissemos não várias vezes. Marian foi persistente. Sua visão de como ajudar as crianças nos inspirou (e continua a nos inspirar). Então, assinamos o contrato. Durante quase duas décadas fizemos trabalhos extremamente eficientes sobre questões relativas à criança, o que é um grande motivo de orgulho para nossos funcionários, independentemente da política da instituição.

---

a. Maggie Williams foi em frente e se tornou chefe do *staff* de assessores de Hillary Rodham Clinton.

Parece que Monaghan viu nosso *portfolio* e não gostou desse cliente. Seus funcionários nos disseram que nossa associação com o CDF, que era uma instituição liberal, o incomodava. No início, achamos que era uma simples implicância com a possibilidade de o CDF ser favorável ao aborto. Mas a entidade sempre fora cuidadosa em não assumir uma posição definitiva em relação a esse assunto. Conseguimos que alguém do National Council of Catholics Bishops, de Washington, ligasse para o diretor de marketing e esclarecesse a posição do CDF. Mesmo assim Monaghan não se convenceu. A Domino's nos deu um ultimato: rescindiríamos com o CDF (que não nos pagava nada) e ganharíamos o negócio deles (que nos renderia cerca de 7 milhões de dólares por ano).

Depois desse ultimato, fizemos uma reunião rápida no escritório de Pat Fallon. Bill Westbrook, na época nosso presidente e diretor de criação, disse: "Não quero que fique gravado no meu túmulo: "Ele parou de ajudar as crianças para que mais pizzas fossem vendidas". Declinamos do negócio.

A cultura pode ser uma vantagem estratégica, mas as escolhas e as ações exigidas para preservá-la e cultivá-la raramente são fáceis. Não haveria nada antiético ou moralmente errado em rescindir o contrato com o CDF. As agências trocam um negócio por outro melhor o tempo todo. O CDF poderia encontrar facilmente agências talentosas e dispostas a ajudá-lo. Mas isso seria decepcionante para nosso pessoal. Usar nossas habilidades de comunicação para tratar de questões da criança é um compromisso profundo a longo prazo. Como resultado, nosso conceito perante os funcionários é ainda mais alto.

Identifique e Incentive os Defensores da Cultura

Não demorou muito para percebermos que, para valorizarmos realmente nossa cultura, não bastaria contratar cérebros e talentos. Tínhamos de cultivar as pessoas que melhor incorporavam nossos ideais. Nós as chamamos de defensores da cultura. Se você pegasse a pessoa descrita por Ed Keller e Jon Barry em *The Influentials* — o indivíduo que sabe sinceramente que pode fazer a diferença — e a cruzasse com os "conectores" de Malcolm Gladwell em *The Tipping Point,* teria um participante da cultura.[1]

Em nossa empresa, os defensores da cultura conhecem a todos e sabem muito (talvez até demais) sobre cada um. Eles são extrovertidos e entusiasmados solucionadores de problemas, que tratam cada um de nós com a mesma irreverência adorável. Nem todos são gerentes. Colocamos pelo menos um participante da cultura em cada equipe de um novo negócio que envolva muita pressão. Procuramos deixar claro que eles estão lá para treinar novos funcionários. E espalhamos seus escritórios por todos os andares, ao longo das passagens mais movimentadas, para que eles ajudem a gerenciar a energia do local.

Em nosso trabalho para a Lee Jeans, os defensores da cultura se ofereceram voluntariamente para subsidiar a pesquisa de mercado necessária para resolver o problema da empresa. Não precisaram esperar as ordens da sede da Fallon. No *case* das Bahamas, eles estimularam a intensa colaboração entre áreas muito diferentes. Você nunca pode subestimar os efeitos que o trabalho de um defensor da cultura pode causar em seu negócio. Não estamos falando daquela coisa tocante, emocional. Estamos falando de resultados financeiros.

Com um pequeno gesto, um defensor da cultura pode interferir profundamente nas transformações por que passa uma organização. Em 2001, estávamos com dificuldades financeiras. Calculamos mal a gravidade da recessão econômica e a explosão das empresas virtuais. Depois de 20 anos sem uma dispensa, passamos por três cortes para alinhar o número de funcionários com a queda na receita. Com a aproximação do fim do ano, congelamos os salários e até cancelamos a festa de Natal. Não tínhamos meios para arcar com a tradicional extravagância e achamos que uma festa modesta transmitiria a mensagem errada.

Os defensores da cultura parecem ter um manual secreto que lhes diz o que fazer quando a direção está paralisada. Uma semana depois do cancelamento, dois defensores da cultura (ambos gerentes de projeto) organizaram uma festa não oficial de fim de ano. O anúncio, feito por e-mail para toda a empresa, proclamava que não precisávamos de um camarão gigante para fazermos uma festa. Eles alugaram o salão de um bar próximo ao escritório. Dez dólares de entrada e bebidas por conta de cada um.

Foi uma excelente festa em todos os sentidos. Que bom termos os defensores da cultura, que sabiam que nós da direção estávamos unidos e percebíamos que a agência precisava atenuar a pressão. Passamos a valorizar as pessoas que fortalecem a cultura, principalmente quando não estamos de olho nelas.

Demita os Idiotas

Os defensores da cultura têm o seu oposto — aqueles que são, para dizer em termos delicados, uns idiotas.

Tempos atrás, tivemos um redator talentoso que desdenhava a todos. Se ele estivesse na sua equipe, você poderia contar com uma campanha que ganharia prêmios, mas com uma péssima experiência de grupo. Ninguém gostava dele. Os colegas de trabalho vingativos sempre iam até sua sala, toda vez que precisavam soltar gases.

Ele não era melhor com os clientes. Certa vez, instigou uma briga, por telefone, com o presidente da Porsche, que "teve a coragem" de sugerir mudanças no texto dele. Em desespero, o presidente disse: "Esta conversa está ganhando velocidade e perdendo altitude", e desligou. Imediatamente telefonou para o gerente de contas e deixou claro: "Nunca mais quero passar por isso".

Esse cliente tinha nossa confiança e respeito. E ficamos furiosos pelo fato de um de nossos funcionários o tratar com tamanha desconsideração. Foi a gota d'água. Despedimos o idiota.

No começo, suportávamos funcionários perturbadores, contanto que o brilhantismo compensasse seu comportamento negativo. Hoje, a era do gênio Cavaleiro Solitário já era. Queremos que os melhores clientes conversem diretamente com suas equipes de criação. Discussões abertas geram um trabalho melhor e melhores relações de trabalho. Também queremos que *todos* na Fallon contribuam livremente com idéias. Se nossos funcionários tiverem alguma coisa a dizer, queremos ouvi-los.

Independentemente de seus dons, pessoas difíceis consomem uma energia organizacional muito preciosa. (Não se preocupe, se tiver de despedi-las. Elas são suficientemente talentosas para encontrar outro trabalho.) Deixando de lado as dores de cabeça gerenciais, os idiotas minam a alavancagem criativa. Considere os filmes da BMW. A equipe estava lidando com advogados de Hollywood, diretores de primeira linha e Madonna, mas guardou seu ego e assumiu sua parcela de responsabilidade. É surpreendente o que você é capaz de realizar, quando mantém a humildade. Os defensores da cultura sabem disso. Os idiotas, não.

A Diversão É uma Vantagem Competitiva

Charlan Nemeth escreveu em *California Management Review*: "desejar e esperar a criatividade não aumenta necessariamente o seu aparecimento".[2] Mas tornar sua organização um lugar mais divertido para se trabalhar, sim. Os redatores sérios não querem estragar sua tese com palavras como *diversão*. Mas ela funciona. Não estamos falando apenas de reuniões sociais após o trabalho, mas de uma parcela de diversão inerente ao desafio, durante o trabalho.

Parte dessa diversão deve vir da interação entre os membros da equipe e os clientes. Os líderes da equipe e os gerentes não podem ficar passivos, à margem. Eles devem fazer isso acontecer. Teresa Amabile, de Harvard, uma pensadora importante que pesquisa a criatividade na cultura empresarial nos últimos vinte anos, descobriu que o ambiente social de uma pessoa pode ter um efeito significativo no seu grau de motivação intrínseca em qualquer ponto no tempo, e o grau de motivação intrínseca pode, por sua vez, ter um efeito significativo na sua criatividade."[3]

A pesquisa de Amabile confirma nossas experiências em motivar a criatividade. Nossa tarefa básica como líderes organizacionais é cultivar o ambiente e oferecer recompensas intrínsecas que inspirem um grau mais elevado de criatividade.

Às vezes fazemos coisas por pura diversão. Pat viu *Riverdance* na cidade de Nova York e adorou a energia do *show*. Quando veio a Minneapolis, compramos uma apresentação para os funcionários e suas famílias. (Pat também é júri do Concurso de Tenores Irlandeses do restaurante Murray's, no Dias dos Namorados, caso isso ajude a entender a opção dele pela dança.) Sempre procuramos razões para parar e comemorar. Em nosso primeiro escritório, colocávamos uma placa de latão em uma mesa de conferência, para comemorar um acontecimento maravilhoso: "Esta mesa foi quebrada por Bonnie e Dan, para comemorar uma nova conta importante".

Como líder de uma organização, ou de uma equipe, você pode usar a diversão propositalmente. Quase todo mês Pat Fallon convida 19 funcionários para jantar em sua casa. O número é determinado pela quantidade de cadeiras que ele tem, e a lista de convidados inclui pessoas que deveriam se conhecer melhor, na opinião de Pat. Em várias ocasiões, fechamos o escritório mais cedo, para pegarmos um cineminha. Pat queria que todos vissem a *Lista de Schlinder* e pensassem como Steven Spielberg planejou seu filme monumental, enquanto terminava sua trilogia *Indiana Jones*. Ele queria que os funcionários contemplassem o tipo de mentalidade capaz de tocar simultaneamente dois projetos bem diferentes. Você ficaria surpreso com o número de momentos de inspiração e de aprendizagem que você pode ter se ficar sintonizado nisso.

O Futuro da Alavancagem Criativa

Caminhamos para os 25 anos convencidos de três coisas.

1. *A criatividade será uma ferramenta cada vez mais essencial nos negócios.* Pense nos desafios de sua organização desta forma: além da criatividade, que pontos de alavancagem você tem? É mais do que provável que os seus recursos se tornem mais restritos, e seus mercados fiquem muito mais concorridos. Se você não souber usar bem a criatividade, ficará vulnerável aos concorrentes de qualquer lugar do mundo. Abrimos este livro dizendo que a imaginação é o último meio legítimo de ganhar uma vantagem justa sobre a concorrência. Cada vez mais, ela é o único meio.

2. *Você não pode comprar criatividade, mas pode liberá-la.*

   Todos recorrem ao mesmo grupo de talentos, e apenas os George Steinbrenners do mundo têm qualquer vantagem no recrutamento. Salário, benefícios e conveniências geográficas não determinarão, necessariamente, o poder criador de sua empresa. "É mais fácil aumentar a criatividade mudando as condições no ambiente", escreve o psicólogo Mihaly Csikszentmihalyi, "do que tentar fazer as pessoas pensarem mais criativamente".[4] Em vez de contratar mais pessoas criativas, primeiro libere a criatividade daquelas que já estão na sua folha de pagamento.

3. *A criatividade não é um caminho fácil de seguir, mas as recompensas valem a pena.*
   Um dos chefes de uma agência rival na nossa cidade nos encontrou em um restaurante. Observando que seríamos remunerados, se fizéssemos uma propaganda criativa ou não, ele brincou: "Por que vocês têm de fazer isso da forma mais difícil?"

Uma razão é que temos visto as recompensas, e não apenas com nosso trabalho. Quase todas as histórias de sucesso dos últimos dez anos — seja algo tão audacioso quanto o iPod da Apple, ou tão descompromissado como a promessa do Saturn de você ter no carro uma companhia adorável — têm acontecido por causa da criatividade.

A sobrevivência dos mais adaptados não significa a sobrevivência dos mais fortes. Significa a sobrevivência daqueles que são mais capazes de se adaptar à mudança. Se você não conseguir se adaptar, não conseguirá sobreviver. Talvez sejamos reflexivamente atraídos ao modo mais difícil de agir porque tememos a alternativa.

Pensamento Final

Fazemos reuniões trimestrais nas quais mostramos a todos os funcionários novos trabalhos criativos. Quando ficamos preguiçosos e pulamos essa reunião, ouvimos comentários a respeito. O interessante é que o pessoal de apoio, da contabilidade, por exemplo, e os gerentes de recursos humanos, é o primeiro a reclamar. Eles dizem: "É por isso que também trabalhamos aqui".

A criatividade motiva.

Não quero comparar o que fazemos a excelentes trabalhos de arte, mas queremos sustentar nossa crença de que a criatividade motiva a todos nós de maneira poderosa. Pense na Sydney Opera House. Não só é um edifício esteticamente bonito, mas há algo inspirador na decisão da cidade de adotar a criatividade de seu design. Qualquer que seja a satisfação que os arquitetos obtiveram em sonhar com esse edifício, ela está associada à satisfação que as pessoas da comunidade têm de possuir esse ícone como parte de suas vidas. A arte faz tanto pelo público quanto por aqueles que lutam para lhe dar vida.

Notas

Capítulo Um

1. Pesquisa interna da Purina e da Fallon.

2. Bob Garfield, "The Chaos Scenario", *Adversiting Age*, 4 de abril, 2005, 57.

3. Joseph Jaffe, *Life After the 30-Second Spot* (Hoboken, NJ: John Wiley & Sons, 2005), 15.

4. Motion Picture Association Worldwide Market Research, "US Entertainment Industry: 2004 MPA Market Statistics", procure Report, http://www.mpaa.org/useconomicreview/, 29 de março de 2005.

5. "The Consumer Advertising Backlash Worsens", *Forrester Research, Inc.*, 5 de janeiro de 2005, 3.

6. Gerald Zaltman, *How Customers Think:* Essential Insights into the Mind of the Market (Boston: Harvard Business School Press, 2003), 39.

7. "Absolut", World Advertising Research Center, perfil da marca, www.warc.com, 1º de dezembro de 2005.

8. Robert E. Kelley, *How to Be a Star at Work* (Nova York: Basic Books, 1993), citado em Daniel Goleman, *Working with Emotional Intelligence* (Nova York: Bantam Books, 1998), 203.

9. Jeff Malester, "Best Buy Sales in U. S. Stores Increase 10%", *TWICE*, 20 de junho de 2005, 1.

10. Karen Benezra, "Brand Planning: Youth Will Be Sold", *Brandweek*, 14 de julho de 1997.

11. Robert J. Sternberg, Linda A. O'Hara, e Todd I. Lubart, "Creativity as Investment", *California Management Review* 40, nº 1 (1997),16.

Capítulo Dois

1. "Borrowers Can Bank on More Mergers", *National Real Estate Investor*, 8 de maio de 2001.

2. Pesquisa interna do Citibank.

3. David B. Hilder e Laura A. Hubbard, "Citigroup", Equity Research Report, Bear Stearns & Co, Inc., 9 de dezembro de 2004, 1, de Thomson Business Intelligence, http://research.thomsonbusinessintelligence.com.

4. "Global Brands Annual Report: the Top 100 Global Brands", *Business Week*, 1º de agosto de 2005, 90.

5. Pesquisa interna do Citibank

6. HPI Research Group Qualitative Phase II, 2002.

7. Pesquisa interna do Citibank.

Capítulo Três

1. Como não tínhamos capacidade de atendimento internacional na época, a Young & Rubicam ficou com essa conta, que veio para nossas mãos três anos mais tarde.

2. Pesquisa interna da United Airlines.

3. Steve Josselson, "How Low Can They Go", *Airfinance Journal*, 1º de fevereiro de 2003, 15.

4. Pesquisa interna da United Airlines.

5. *Roper Reports 02-03*, questão 62X/Y, Syndicated Research, GfK NOP, LLC, 2002.

6. Programa de viajante freqüente da United; ganhou inúmeros prêmios, inclusive aqueles relacionados em "Best in Business Travel Awards", *Business Traveler*, dezembro de 2004 / janeiro de 2005; "Best of 2004", *Global Traveler*, dezembro de 2004 / janeiro de 2005; "Awards Issue", *Travel Savvy*, setembro/outubro de 2004.

7. Entrevista de John Tague com Fred Senn, novembro de 2005.

8. Millward Brown, United Airlines Brand Health Monitor.

9. Pesquisa interna da United Airlines.

10. Para mais definições do setor de viação aérea, consulte o New England Regional Airport System Plan's Glossary, http://www.nerasp.com/Glossary.pdf.

11. Relatórios de tráfego da United Airlines.

Capítulo Quatro

1. Millward Brown AdTracker, 2000.

2. Pesquisa interna do Holiday Inn Express.

3. "Marketers of the Next Generation: Jenifer Zeigler: esta gerente de marca agrada os hóspedes do hotel com surpresas agradáveis que fazem parte do novo programa de café da manhã", *Brandweek*, 12 de abril de 2004, 32.

4. 2004 InterContinental Hotels Investors Conference for franchisees, Chicago, setembro de 2004.

Capítulo Cinco

1. Veja, por exemplo, "Skoda Jokes", http://web.ukonline.co.uk/members/k.frost/czech/skoda_jokes.html.

2. Victor Lewis-Smith, "Shear Class", *Daily Mirror* (Londres), 26 de fevereiro de 2000, 6.

3. Millward Brown, março de 2000.

4. Randall Rothenberg, *Where Suckers Moon* (Nova York: Vintage Books, 1995), 128.

5. "This Week", *Daily Mirror* (Londres), 28 de março de 2000, 4.

6. Toby Young, "It's a Skoda. Honest", *Spectator* (Londres), 7 de outubro de 2000, 60.

7. Graham Diggines, "Brands Hatching", *Guardian* (Londres), 10 de abril de 2000, 14.

8. Pesquisa interna da Skoda.

9. Questionário de satisfação do revendedor, referente a 2001, realizado pela Advantage, em nome da Skoda.

10. Pesquisa interna da Skoda.

11. Ibid.

12. Ken Gibson, "Motors Extra", *Sun* (Londres), 22 de dezembro de 2000.

13. "Pick of the Month: Skoda Fabia Campaign", *Creative Review*, 23 de maio de 2000.

14. Chris Hawken, *The Pirate Inside:* Building a Challenger Brand Culture Within Yourself and Your Organization (Nova York: Wiley, 2004).

Capítulo Seis

1. Referido por um rapaz de 18 anos em um grupo de discussão conduzido pela Lee na cidade de Nova York, em 1997.

2. Judy Bloomfield, "Lee Turning to Innovation in Brand Squeeze", *WWD (Women's Wear Daily)*, 28 de outubro de 1987, 6.

3. *Denim Discussion*, Conference Program, Cidade de Nova York, 19 de outubro de 2005.

4. Carol Sarchet, "Buddy Lee Dolls", site de Minneapolis-Moline Collectors, http://www.minneapolismolinecollectors.org/displays/buddy.html.

5. Ed Keller e Jon Berry, *The Influentials:* One American in Ten Tells the Other Nine How to Vote, Where to Eat, and What to Buy (Nova York: The Free Press, 2003), 4-8.

6. Pesquisa interna da Lee.

7. Membros da equipe Lee, da Fallon, acompanharam os preços do boneco Buddy Lee em lojas de antiguidades e na eBay, na época do lançamento e nos anos seguintes.

8. *Lee Apparel Sales Report*, janeiro a agosto de 1998.

9. DRI Inc., *Lee Apparel and Advertising Tracking Study*, outubro de 1998.

10. "Jean Therapy", *GQ*, outubro de 2003, 228.

Capítulo Sete

1. "Fact Pack", *Advertising Age*, 2005, 42.

2. Thomas Riggs, ed., *Encyclopedia of Major Marketing Campaigns* (Farmington, MI: The Gale Group, 2000), 555.

3. Kathryn Kranhold, "EDS Sends Cat Herders to the Super Bowl", *Wall Street Journal*, 14 de janeiro de 2000, 1.

4. Stuart Elliott, "Big Plays, Surprise Heroes, Shocking Defeats and Other Super Bowl XXXIV Marketing Memories", *New York Times*, 1º de fevereiro de 2000, C10.

5. Becky Ebenkamp, "New Campaigns: Best of Show", *Brandweek*, 31 de janeiro de 2000, 66.

6. Bill Breen, "How EDS Got Its Groove Back", *Fast Company*, outubro de 2001, 106.

Capítulo Oito

1. Dados da TNS Media Intelligence/CMR citados em Jennifer Halliday, "Study Claims TV Advertising Doesn't Work on Car Buyers", *Advertising Age*, 13 de outubro de 2003, 8.

2. Automotive News Data Center, "U.S. light-vehicle sales by nameplate, December & 12 months 2005", e "Estimated Europe light-vehicle registrations by manufacturer, November & 11 months", *Automotive News*, <http://www.autonews.com/apps/pbcs.dll/section?category=datacenter02>. Acessado em 10 de janeiro de 2006.

3. Karl Greenberg, "Imports Roll On, Lower Stock in Ford, GM", *Brandweek*, 20 de junho de 2005, S24-25.

4. Rebecca Quick, "Victoria's Secret Causes a Big Stir With Web Blitz for 'Fashion Show'", *Wall Street Journal*, 4 de fevereiro de 1999, B1.

5. Pesquisa interna da BMW e Fallon.

6. Jeff Green, "Instant Carma and Bad OEMs", *Brandweek*, 7 de fevereiro de 2000, 16-17.

7. Pesquisa interna da BMW e da Fallon.

8. *Automotive News*, "New Car and Light Truck Sales", 1º de junho de 2005, http://www.autonews.com.

Capítulo Nove

1. Dados internos do Ministério do Turismo das Bahamas, 2004.
2. Ibid.
3. Entrevista com Fred Senn na Hon Obie Wilchcombe, 2004.
4. Dados internos do Ministério do Turismo das Bahamas, 2004.
5. Philip Evans e Bob Wolf, "Collaboration Rules", *Harvard Business Review*, julho-agosto de 2005, 96-104.

Capítulo Dez

1. Pesquisa interna da United Airlines.
2. Pesquisa interna da Virgin Mobile e da Fallon, 2002.
3. Solicitação de proposta da Virgin Mobile, 2002.
4. The Intelligence Group, "April 2004 Cassandra Report", Summary, 19 de abril de 2004, http://trendcentral.com/trends/trendarticle.asp?tcArticleId=1084.
5. Pesquisa interna da Virgin Mobile.
6. Propaganda "Snowflakes" para TV, da Virgin Mobile, 2004.
7. Pesquisa interna da Virgin Mobile
8. Pesquisa interna da Archipelago.
9. Estudo de acompanhamento da Archipelago, onda 6, março de 2003.

Capítulo Onze

1. Ed Keller e Jon Berry, *The Influentials:* One American in Ten Tells the Other Nine How to Vote, Where to Eat, and What to Buy (Nova York: The Free Press, 2003); e Malcolm Gladwell, *The Tipping Point:* How Little Things Can Make a Difference (Boston: Back Bay Books, 2002).

2. Charlan Jeanne Nemeth, "Managing Innovation: When Less Is More", *California Management Review 40*, nº1 (1997): 60.

3. Teresa M. Amabile, "Motivating Creativity in Organizations: On Doing What You Love and Loving What You Do", *California Management Review 40*, nº 1 (1997): 40.

4. Mihaly Csikszentmihaly, *Creativity:* Flow and the Psychology of Discovery and Invention (Nova York: HarperCollins, 1996), 1.

Índice Remissivo

Sobre os Autores

Pat Fallon, Chairman, Fallon Worldwide

Pat fundou a Fallon Worldwide em 1981 com a busca determinada pela excelência nas pessoas contratadas, nas parcerias formadas, no trabalho produzido e nos resultados atingidos. Seu objetivo era atrair clientes que quisessem uma parceria de marketing agressivo que fosse mais ampla e mais profunda que o relacionamento tradicional com agências de propaganda na época. Ao criar a Fallon, ele queria construir uma organização em que viessem pessoas excelentes, ficassem, fizessem o melhor trabalho de suas carreiras e se divertissem no processo.

Pat ainda passa 80% de seu tempo com negócios de clientes. É por isso que até hoje a Fallon se limita a um grupo muito pequeno de contas, para que ele e seus executivos seniores possam ficar intimamente envolvidos com os clientes, diariamente. Ele trabalhou com comitês de executivos seniores na revista *Time*, na Nestlé Purina, na Ameritech, na EDS e na United Airlines. Pat combina um conhecimento profundo de questões de branding com uma abordagem estratégica forte a problemas de marketing de todos os tipos. Ele é um palestrante procurado para falar sobre essas questões, tendo participado recentemente de Singapore International Advertising Congress; Asian Advertising Awards — Hong Kong; e D&DA Conference, o fórum mais respeitado de propaganda de Londres.

Pat formou-se na Universidade de Minnesota e trabalhou incansavelmente para que os jogos de futebol americano Golden Gopher voltassem a ser realizados no *campus* ao qual pertencem. Até aí, ele fracassou.

Fred Senn, Sócio-fundador, Fallon Worldwide

Fred começou sua carreira publicitária gerenciando propaganda para o First Bank System. Pat Fallon recrutou Fred para a agência na Martin/Williams Advertising e então convidou-o para ser um dos sócios-fundadores da Fallon.

Hoje, o papel de Fred é menos envolvido com o gerenciamento de contas e mais com o desenvolvimento de talentos à medida que a Fallon expande tanto o seu escopo de serviços quanto seu alcance geográfico. Nesse papel, ele é o Diretor de Ensino, dirige a Fallon University, e faz palestras em Carlson School of Management, Universidade de Minnesota.

Nascido em Minnesota, Fred é muito envolvido em negócios locais e organizações sem fins lucrativos. Fred dirigiu os esforços de propaganda bem-sucedidos do Minnesota Business Partnership (uma coalizão de empresas de Minnesota que fazem *lobby* junto ao governo) e o Departamento de Turismo de Minnesota, bem como duas campanhas para governador. Ele está envolvido como conselheiro ou membro do conselho de várias organizações nacionais de crianças. Formado na Universidade de St. John e agora atua no seu Conselho de Regentes.

Fred participou de corridas de carros esporte durante dez anos, mas parou de repente em 2002. De repente demais.

Fallon Worldwide

A Fallon Worldwide, uma das empresas mais aclamadas do mundo, dirigida criativamente para branding, dirige a voz do consumidor de algumas das principais marcas do mundo, inclusive a Citibank, Sony, Nestlé Purina, Nordstrom, revista Time, United Airlines, National Car Rental e Alamo Rent A Car. A Fallon Worldwide é uma rede global da Publicis Groupe, com sede em Paris, e tem mais de quinhentos funcionários no mundo todo. A empresa tem escritórios em Minneapolis, Londres, Cingapura, Hong Kong, São Paulo e Tóquio. Informações adicionais podem ser encontradas na www.fallon.com.

GRÁFICA PAYM
Tel. (011) 4392-3344
paym@terra.com.br